EL FINAL
DE LA SENDA

EL FINAL
DE LA SENDA

Carlos González-Santos

Para ordenar copias adicionales de este libro, contactar:
Palibrio
1-877-407-5847
www.Palibrio.com
ordenes@palibrio.com
307957

ÍNDICE

CAPÍTULO 1

LOS PRIMEROS TIEMPOS

Nuestra vida es ante todo,
Toparse con el futuro. Ortega Gasset.

Los aconteceres de una larga existencia en un mundo tan pequeño en el universo pero tan grande en historia y su problemática que se proyecta por siglos es de tal magnitud que la concepción de la vida de un hombre parece infinitamente pequeña pero cuando se reexaminan eventos y motivaciones pasados de nuestras vidas, esto nos trae a través de subsecuentes sucesos de los cuales aprendemos. Precisamente uno de los poderes que nos trae con el tiempo, es la experiencia y es que vemos desde esta perspectiva con la experiencia que la edad provecta trae consigo, revisando el pasado, descubrimos casi por primera vez una nueva luz y damos un giro a nuestra historia personal, con sucesos agradables y amargos en el cúmulo de recuerdos que dejan huellas indelebles que el tiempo tiende a borrar, por eso dijo Jung: No podemos vivir la tarde de la vida de acuerdo al programa de la mañana, porque lo que era grandioso en la mañana, será pequeño por la tarde y lo que era verdad en la mañana puede ser una mentira en el ocaso. Esa es la fuerza de la experiencia.

Dijo Johnatan Swift : Ningún hombre sabio desearía ser joven. Quien llega a cierta edad, ha entrado a una etapa mas interesante de lo que de joven le interesaba. Hay quien se lamenta de haber perdido la lozanía y el vigor y precisamente eso es lo que no lo hace feliz, sin poder acoplarse a su nueva situación en la que actualmente tiene sin haber encontrado su lugar en el camino a su felicidad. Decía Stefan Zweig que la vejez no es más que dejar de sufrir por el pasado, y Arthur Schopenhauer dijo en cierta ocasión que los primeros cuarenta años de vida nos dan el texto, los siguientes nos dan el comentario. La experiencia es la que nos ayuda en tales circunstancias en particular a recrear nuestras vidas encontrando nuevos ángulos, nuevos matices y sobre todo nuevos motivos donde nuestras propias limitaciones, si las tenemos, no deben evitar que consigamos nuestra felicidad.

El año de 1929 se recuerda en el mundo por el primer acontecimiento magno de una depresión mundial cuyas imágenes mas evocadoras de esa época de poca información mostraban una larga fila de personas, y muchas de cuello blanco, para recibir un emparedado en los EE.UU. Se requirieron varios años y todo el esfuerzo del pueblo de ese país para superar la debacle económica.

En México la noticia mas relevante la dio el presidente Elías Calles al formar el PNR, partido que pretendía aglutinar la fuerzas revolucionarias, pacificar el país de una vez por todas y controlar la vida política haciéndolo por 70 años.

Ese año fue el de mi nacimiento en medio de un hostil ambiente religioso debido a que había ocurrido el año anterior el asesinato del presidente Obregón debido a la confrontación religiosa y la revuelta del Gral. Escobar en la que murieron 70,000 católicos.

Obregón era masón del rito de York y mantenía clausuradas las iglesias católicas entonces por lo cuál los sacerdotes se veían obligados a realizar sus menesteres a las sombras de la noche u ocultos de la mirada de la policía que la mayoría de las veces hacían la vista gorda porque en esa época el 98% de la población era de esa iglesia por lo que mis padres se casaron sin publica celebración, y también de noche cuando el padre José C. Castañeda me bautizó.

El sacerdote Castañeda hacía poco se había hecho cargo del templo de San José para atender la parroquia pues el último sacerdote, el padre Rodríguez había fallecido recientemente de una pulmonía que contrajo mientras un invierno sobre la lluvia montando una acémila acudió a suministrar el sacramento de la extremaunción a una persona en un rancho cercano. Por ser una persona muy humilde y de muy buena disposición, a este presbítero, mediante colectas populares, el pueblo le erigió el mausoleo mas notorio en el panteón.

A la muerte de Obregón, Plutarco Elías Calles lo sucedió en el poder y lo ejerció ganándolo para el siguiente período y lo primero que hizo fué pacificar el país para gobernar sin cortapisas y decretó abrir los templos y garantizar la libertad de credos. El 29 de abril de ese año, el cupo del templo de San José fué rebasado por la cantidad de fieles que acudieron llenando el recinto, el jardín y la calle. Por fin se expresaban libremente.

Sabinas Hidalgo, en el estado de Nuevo León es un municipio pequeño. Los pobladores acostumbraban construir una noria en su patio para abastecerse de agua, vivían del campo y de un manantial cercano al pie de la sierra junto al cauce del río que lleva su nombre, se construyó un ramal que daba origen a numerosas huertas de los vecinos.

Se dice que en la mayoría de los casos, los recuerdos se fijan en el ser humano, cerca del cuarto año de vida cuando el cerebro llega a un cierto desarrollo. El río de Sabinas permanece seco salvo cuando existen lluvias que capta la cuenca de la sierra madre oriental y transfiere el agua al seco cauce del río. El recuerdo mas antiguo lo tengo de una lluvia. Mi padre tenía un gran terreno de una manzana de extensión en cuya parte mas alta estaba la pequeña casa y la parte baja terminaba en una calle llamada la calle de piedra porque se veía que miles de años antes había sido labrada por la labor de corrientes de agua. En esa área se asentaba la calle junto con la presidencia, la plaza, la iglesia, muchas casas, y la población sufrió en 1933 un gran huracán que se abatió sobre la población y yo veía con consternación junto con mi hermanita de tres años bajo una mesa en la cocina, como el agua había subido hasta mas de la mitad de nuestro terreno, aunque no temíamos por nuestra seguridad porque papá nos llevaría a otro lugar. Eso era claro.

Sobre nuestra área casi con una regularidad de 25 o 30 años, sufren los estragos de un huracán y hoy sabemos que sus vientos nacen en el desierto africano del Sahara barriendo las islas Azores y Cabo Verde, cruzan el Atlántico, llegan al Mar Caribe donde se encuentran con los vientos fríos del norte donde finalmente se desempeñan tal como los conocemos.

No existía una escuela en toda la extensión de la palabra. Había personas que se dedicaban a la enseñanza y mi madre me llevó a una casita de techo de palma cuya maestra era una anciana que me entregó un cuadro de pizarra negra y un adminículo del mismo material que al frotarlo dejaba una huella blanca. En esa herramienta aprendí el abecedario, los números y las primeras palabras. En esos días se terminaba la construcción de dos escuelas muy bien edificadas, modernas a donde el siguiente año mi padre me llevó en medio de un llanto sostenido donde los niños que estaban cursando en distintos lugares, se concentraron a las nuevas escuelas, niños para una, niñas para la otra. Las había construido Manuel Maria García Martin cuya historia merece conocerse.

El pueblo era muy pequeño en ese entonces y aproximadamente tendría 10,000 habitantes. El presidente municipal era Don Adolfo Garza Jiménez que había sido reelegido 4 veces
Hasta que la quinta vez, no aceptó la reelección – tan querido era—llegó otra persona. Al igual que él, mi abuelo Antonio González Salazar, también, después de haber sido comandante por 30 años, se retiró. Era también un hombre de bien. Siempre se dijo que nunca permitía que se tratara injustamente a nadie, inclusive, lo cual era muy común, ebrios que se propasaban insultando a los policías y

su comandante no permitía que los golpearan porque, decía él, ni siquiera sabían concientemente, lo que decían.

Tuvo una experiencia con un jefe revolucionario que tomó el pueblo por la fuerza de las armas, tomó prisionero al comandante y al oficial de registro del municipio llevándoselos con rumbo desconocido con intenciones de matarlos en el camino y fue providencial que se encontraron con otra partida comandada por otro jefe y cuando por la noche el primero había decidido ejecutarlos el segundo jefe no estuvo de acuerdo porque esos no eran sus enemigos, con lo que se entabló una discusión sobre quien debería comandar al grupo a lo que el segundo terminó la discusión : ¡ Los voy a soltar y al que no le parezca, que me lo diga! Nadie respondió y los dos prisioneros dejaron el campamento en medio de la oscuridad de la sierra. Al día siguiente por un solitario camino encontraron un individuo que mi abuelo conocía y les ayudó para llegar al pueblo. Esos y otros sucedidos los escuchaba embelesado durante las noches.

La peluquería de mi padre, era para efectos prácticos, un club. Allí llegaba Gorgonio Ruiz en busca de prosélitos para su logia masónica, Antonio González apodado El Ciclón por su carácter temperamental, un bueno y enamorado ganadero, su hermano Ramiro, otro ganadero, Fernando Viejo, el muy querido distribuidor de la cerveza Don José de los Santos, su hijo, Pablito, Don Pablo Salazar, también ganadero, su compadre, que me había bautizado, Federico Garza Flores quien tenia fama por haber matado osos en la sierra, donde todos se enzarzaban en interminables discusiones especialmente sobre la política. Otros que aparecían intermitentemente como el pordiosero del pueblo, que siempre soltaba una retahíla de bendiciones muy bien elaborada, el vendedor de helados, el lechuzón, Pablo el de el hacha, nunca supe porque le llamaban así, el loquito con su mirada extraviada que siempre me asustaba, el tepache, porque vendía esa bebida. Marcelo Palacios el taquero, Pablo canas, el boticario, en fin, diversos personajes que le daban folclor a la vida del pueblo.

Los domingos, la pequeña placita se llenaba para que los muchachos pudieran ver a placer a las muchachas y por lo tanto ellos caminaban en grupos unos después de otros todos por el lado exterior y en un sentido, mientras que las muchachas lo hacían por la parte interior, en sentido contrario y allí intercambiaban miradas y si la cosa se hacía muy intensa, una muchacha dejaba caer disimuladamente un pañuelo que era visto por el interesado quien prontamente lo recogía para llevárselo a la dama empezando con ello una conversación que muchas veces terminaba con el juez y la iglesia para unirlos per sécula.

Así había sido cuando mis padres se conocieron pero sin pañuelo de por medio, de tal suerte que mi padre se dio maña para hablarle y hacer una cita a la cuál mi madre cumplió con el agravante de que llevó de compañía a su tía Chita porque no era bien visto que una muchacha hablara sola con un muchacho, además de que el hombre era muy-paseado-. Mi padre y su hermano Enrique se llevaban muy bien pues los otros hermanos habían fallecido y un día decidieron irse a Tampico donde había bastante trabajo por la llegada de compañías petroleras. Allí Enrique logró establecer una cantina, se puso panzón-la cerveza ocasiona eso-y se quedó. Mi padre, aprendió bien el oficio de peluquería y se regresó a su pueblo a buscar la novia.

Mi madre tenía 18 años y 28 mi padre cuando se casaron felizmente con todo y el problema de noviazgo ocasionado por la presencia de la chaperona, escollo que finalmente superaron. Mi abuelo Jesús Santos se enfundó en su traje que cada vez le quedaba mas chico porque engordaba más, y mi abuela Josefa Garza con un vestido negro y un chal, así como mi abuelo Antonio González que era viudo de muchos años, junto con los padrinos se reunieron en una casa particular pues el templo estaba cerrado, allí asistió el padre Castañeda uniéndolos ante Dios y los hombres. Previamente se habían apersonado en la presidencia para el registro civil.

Debo consignar la condición de mi abuela Josefa cuyo carácter y gesto era de resignación porque el abuelo era un gritón, y se lo permitía porque finalmente no le hacía mucho caso porque yo creo que sabía por intuición el pensamiento de Lao Tsé: El que habla mucho, sabe poco, el que habla poco, sabe mucho, pero además, su vida fue mas bien de sufrimiento. Mi abuelo tenía un rancho donde sembraba maiz en pequeña escala y tenia algunas vacas pero su economía era escasa porque tuvieron 21 hijos de los cuales murieron 7 quedando 7hombres y 7 mujeres. Ella siempre ganaba el premio a la madre mas fecunda en las festividades municipales y escolares del día de la madre.

Muy pequeño, mi padre me pidió que le ayudara a sembrar un rompevientos que yo, esmeradamente regaba la ramita que cuidaba como mía que cuando fue un gran árbol, no pocas veces me salvó de los castigos de mi madre trepándome ágil como gato. A los 5 años, Mi padre me llevó en medio de un llanto sostenido para dejarme en la escuela recién estrenada entre un grupo heterogéneo de muchachos donde el único de zapatos era el hijo del doctor del pueblo. La escuela se llamaba Manuel M. García.

CAPÍTULO 2

LA HISTORIA
DE MANUEL M. GARCÍA MARTIN

La bondad humana a menudo se vé aherrojada
por el interés mezquino. Anónimo.

Un día, cuando tenía 7 años, observaba con mucho interés a un personaje alto y grueso, barbado, gafas de carey, sombrero de fieltro de 4 piedras, con un cigarro en la mano, entre un grupo de personas en la esquina de la peluquería de papá muy interesados viendo la pavimentación de la calle donde también estaban las nuevas escuelas, porque ninguno sabia como se pavimentaba pues las calles eran de tierra e irregulares. Después me dijeron que el Sr. García mediante sus buenos oficios y un pago, hizo que la constructora que construía la Carretera Nacional que casualmente pasaba por el pueblo logró pavimentar una vía hasta las escuelas, la presidencia y la plaza hasta la casa del señor.

La historia del filántropo no era bien conocida entonces, pero después se conocieron detalles de su vida y se supo que su abuelo era un medico que en el siglo IXX aprovechó la oportunidad de hacerse mexicano mediante un documento oficial para acceder a la recepción de un rancho en Texas cuando el gobierno mexicano solicitaba colonos que desarrollaran el campo, pues había muy poca migración del país. Se llamaba Vaughan H. Martin y llegó con su esposa Clara y su pequeña hija. Tenían varios esclavos africanos y el mas fiel era Julian, quien junto con su esposa permanecían junto a sus amos. Estalla la guerra de Norte contra Sur en los EE.UU. y aparecieron gavillas de maleantes e indios pies-negros, lipanes, apaches, comanches y otros a cual más sanguinarios que estando él fuera, al regresar, habían muerto a su esposa y la niña la tenía Julián escondido.

Este sufrimiento lo hizo tomar una decisión, como comentó a un amigo agricultor como él:

Este país siempre estará en guerra porque esta en su carácter guerrero y para mí, acabó. Me voy a México donde encontraré la paz. Le comentó a Julián su idea indicándole que si él quería acompañarlo, era su decisión y que en México no existía la esclavitud y sería libre siempre. Julián estuvo de acuerdo y prepararon un carromato con bastimentos tomando caminos rumbo al sur, pasaron San Antonio, luego les dijeron que el mejor paso era por San Ignacio sobre el Río Bravo, se internaron en tierra mexicana y después de varias peripecias llegaron a Sabinas, le gustó la pequeña población donde ejerció su profesión y fue bien recibido donde tuvo que cambiar su nombre a Roberto por la dificultad de los naturales para pronunciar su nombre.

Su hija Clara llegaba a la adolescencia y siendo muy bella rubia y de ojos azules atraía la atención y hubo un muchacho llamado Manuel García hijo de Domingo García que la cortejaba y que finalmente le pidió su mano y se casaron. Tuvieron varios hijos y el primero fue Manuel María que nació el 15 de agosto de 1870. Era un muchacho alto, inquieto, agresivo que empezó a juntarse con Catarino Garza otro muchacho 3 años mayor que él que compartía su odio por la dictadura que había instituido Porfirio Díaz en su gobierno. La fogosidad de la juventud los hizo formar un grupo que armaron pobremente, tomaron varios caballos y planearon atacar la guarnición del pueblo creyendo que la población los apoyaría y quizá, su movimiento atraería un mayor grupo de simpatizantes pues la repulsión a la dictadura era notoria en los diferentes estratos del país.

Los acuerdos se tomaron en Así es la vida, la cantina del pueblo. Una noche lanzaron su ataque y fueron repelidos teniendo suerte de salir con vida, pero la misma noche tuvieron que huir siendo en adelante proscritos ante la ley. Fue la primera protesta contra la dictadura en 1896. La de Francisco I. Madero quien fue el prócer sacrificado, se levantaría catorce años después.

Manuel hablaba el idioma inglés pues su madre les hablaba en su idioma y eso lo hizo sobresalir muchas veces, como cuando se unió a una empresa petrolera buscando campos en Veracruz Después se embarcó con destino desconocido donde se perdió por años, adquiriendo experiencias en lugares y personas. Las comunicaciones eran en ese tiempo muy deficientes, de tal manera que poco se supo de sus andares hasta que apareció años después en Colón en Panamá trabajando en la construcción del canal donde sus actividades le reportarían buenos dividendos. Trabajó mucho y era muy útil a los superintendentes por su conocimiento del inglés. Se casó con Teresa Rivera, hondureña, mudándose a Progreso en 1908 adquiriendo 2000 hectáreas de tierra plantando 1300 plantas de plátano y vendiendo su producción a Cuyamel Fruit Co. Y luego a la United Fruit.Co.

Su historia es fascinante. Una ocasión estuvo en Guatemala con otro amigo cuando observó que estaban dos militares, individuos vulgares quienes al cruzar dos damas norteamericanas, les soltaron una sarta de majaderías y a una, uno de ellos le dio una nalgada. Dice mucho de Manuel la acción que tomó ante este ultraje porque se enfrentó a ellos y les ordenó disculparse y al negarse, les dio una golpiza. Tuvo que ausentarse por temor a represalias de la soldadesca comandada por un oficial agredido.

Manuel amasó un gran fortuna por lo que fue catalogado como el mas rico de México y Centroamérica, pero siempre pensaba en regresar a su pueblo natal con el que tenía el mas firme compromiso de otorgarle la mejor ayuda para destacar entre el conjunto de poblaciones de México. Teresa y sus hijos estuvieron de acuerdo en la nueva aventura de su padre y se dispusieron a moverse a México llegando a Sabinas después de un penoso viaje en 1926.

Para entonces Manuel frisaba en los 55 años y su plan era vitalizar la economía. Se iba a convertir en filántropo, empresario, banquero, agricultor, industrial entre otros, sería el motor de la economía y cuando todo estuviera caminando, el pueblo se desarrollaría con su propio impulso. Su fortuna la confió a los banqueros J.P.Morgan en Laredo, Tex., construyó una casa para su familia, y sabedor de que la educación era el primer paso para erradicar la cultura, gestionó con el gobernador para la construcción de las escuelas donadas a la población. El segundo paso fue tender una línea telefónica siendo Sabinas el primer municipio del estado en tener ese servicio.

Enseguida tuvo solicitudes de comerciantes para financiar mercancías y mejorar establecimientos, luego, convoco a los agricultores y ganaderos para financiar aperos de labranza e instarlos a la siembra de trigo garantizándoles la compra del producto y la instalación de molinos y silos para el grano y elaborar harina, también programó un despepitador para el algodón bajo el mismo sistema. Compró dos ranchos miserables que pronto revivirían bajo su mano así como dos huertas de naranjas que a la siguiente estación florecerían y darían fruto.

Estableció una escuela de agricultura que llamó Escuela Granja, hizo traer especialistas agrícolas, y tuvo tanto éxito que de toda la comarca asistían jóvenes a la escuela, también trajo semillas de otros lugares del mundo para aclimatar plantas en la zona y experimentar nuevas cosechas y el dormido pueblo despertaba a una nueva era de prosperidad nunca antes experimentada, el antiguo automóvil de Pancho la tambora, fue reemplazado y el dinámico Fernando Baldazo empezó a fabricar tabiques de cemento y arena comprando el primer camión conocido en el pueblo y arrancó la construcción del primer cine, mudo, pero era un inicio.

También se empeñó en electrificar el pueblo aprovechando el nacimiento llamado ojo de agua, construyó lo que se llamó la turbina para proveer de fuerza hidráulica a la planta que hizo traer de Suiza para proveer de electricidad a las líneas que a alto costo tendió hasta el pueblo. Y no sólo eso sino que como dijimos, pavimentó las principales calles, adquirió una manzana de casas para aumentar la plaza de esparcimiento, al doble, remozó la iglesia, con su ayuda se inició la Secundaria y el motor había arrancado, se empezaba a ver la prosperidad, la alegría de los pueblerinos, y Manuel García apoyado por su hijo Juan José, se sentían satisfechos.

Para entonces, su fama se había extendido como un desinteresado filántropo y promotor a tal grado que varios grupos de algunos municipios se acercaron a proponerle la candidatura para la gubernatura del estado, pero la lucha política estaba fuera de sus ideales y la rechazó, pero además también ya había llamado la atención del gobernador, un generalote inculto, Anacleto Guerrero quien a todas luces había puesto al tanto al nuevo presidente y correligionario de partido, Lázaro Cárdenas, otro general que alcanzó gran popularidad por nacionalizar la industria petrolera. En la política, la popularidad puede traer el poder, pero en otros casos, la muerte. La popularidad de Pancho Villa, fue por eso. Y mas recientemente, la muerte de Donaldo Colosio. Manuel intuía todo eso, por ello lo rehuía.

Todos los generales y militares en general forjados en la revolución se distinguían por su falta de cultura y subían en la escala del poder por su sagacidad, ferocidad, eliminación de oponentes, en fin era una lucha ruda que se dirimía en la arena política con consecuencias que eran las mas de las veces sufrida por la ciudadanía, sin embargo había casos de individuos con determinado alto grado de razonamiento. Cuando el periodista John Reed le preguntó en varias ocasiones a Pancho Villa, si aceptaría ser presidente, contestaba: Yo no puedo ser presidente del país porque no puede serlo una persona con 2 grados de enseñanza y haber aprendido a escribir hace3 años. No puedo ofrecer conocimientos ni podría reaccionar a problemas de una magnitud para un puesto como ése.

Cuando un individuo con esas características, accede a la primera magistratura y sabiendo su carencia de un plan inteligentemente estructurado con metas claras, se apoya en otros que siempre tienen sus propios planes y es lo que le pasó a Cárdenas.

En ese tiempo, la ideología comunista se extendía con mas rapidez que el cristianismo en sus mejores tiempos. Bajo el poder de Stalin, la Unión Soviética avanzaba con efectividad su red mediante células que se reclutaban en las embajadas de los países, y recibían apoyos en efectivo. Las células mas notorias en el gobierno de Cárdenas era Vicente Lombardo Toledano y los dirigentes del partido y estaban dirigidos por el embajador para instruirlos en el manejo de las masas, las bases del control mediante un partido único, el sistema agrario mediante koljós, los cambios en el sistema educativo, etc.

Cárdenas trató de plegarse lo más que pudo al sistema ideológico porque deseaba vehementemente permanecer en el poder, pero viniendo de la lucha contra una dictadura, el país se hubiera puesto en su contra, por lo que optó por un partido único que controlaría las elecciones y los personeros del partido en el gobierno tendrían todo el control económico.

En el campo, los ricos latifundistas perderán sus tierras y se entregarían a los labriegos pobres cuya medida sería muy bien recibida por la mayoría del pueblo, y además, sería un control de toda esa masa paupérrima que siempre dependería del gobierno para su subsistencia y perdería su tierra de haber protestas. Así nació el ejido con los grandes problemas en cuanto a productividad hasta la fecha.

Cárdenas el socialista se afilió a la Internacional Socialista y como tal era un declarado enemigo del capital y declaró en una ocasión al gobernador Guerrero que nunca aceptaría un millonario como dirigente del gobierno y desde entonces empezaron los obstáculos para Manuel empezando con la llegada de un indio Yaqui llamado Yocupicio quien llevó gente al pueblo para requisar ranchos, entre ellos los de él. Después se formaron sindicatos que bloquearon la fábrica de harina, exigieron cargas tributarias exorbitantes para el alumbrado, a tal grado que Manuel sintió que nunca podría trabajar hasta que un día, abandonó todo y se fue de regreso a Honduras a su plantación Berichichi en Progreso donde siguió haciendo obras filantrópicas con la amargura de no poder cumplir sus planes de dejar a Sabinas como el emporio que soñó.

Al tener el diagnóstico de una enfermedad que lo atacó y ante la gravedad de su padecimiento, Manuel prefirió no enfrentarlo y decidió quitarse la vida el 22 de octubre de l941. La población al conocer la noticia, estuvo de luto. Había cerrado un capítulo donde el poder omnímodo de las ambiciones políticas cancelaron las posibilidades de progreso que los políticos nunca hubieran podido hacer por un pueblo miserable sin posibilidades de desarrollo, que fueron los deseos de quien ofrendó sus bienes, su tiempo y hasta su vida por amor al pueblo que lo vió nacer pidiendo nada en cambio.

Los niños de las escuelas que él construyó, donde ahora se cantaba la Internacional Socialista después del Himno Nacional, haciendo colectas, erigieron un modesto busto en lo alto de una columna donde lo recuerdan en la fecha de su muerte y sus nombres quedaron escritos bajo su base.

CAPÍTULO 3

LA ETAPA DE LA ADOLESCENCIA

HE AQUI UN CONSEJO QUE OÍ DAR A UN JOVEN:
HAZ SIEMPRE LO QUE TEMAS HACER.
Ralph Waldo Emerson

Martín González y yo éramos buenos amigos desde toda la Primaria y ahora en Secundaria éramos mas aún cuando nuestros maestros nos separaban en equipos competitivos de aprovechamiento donde ambos destacábamos. Una ocasión se iba a escoger un campeón para Ortografía materia que tenía bastantes complicaciones para la mayoría de los estudiantes, y por ello, los maestros nos dictaban pizarrones con cientos de palabras. Se hicieron las eliminaciones y finalmente quedamos Martín y yo frente a frente y ante cada palabra, ambos acertábamos. Nueva serie de palabras, y seguíamos incólumes, Llegó la hora de salida y nosotros seguíamos hasta que en una palabra, falló Martín y quedé como campeón. El era un estudiante ejemplar en todas las materias, fue verdaderamente una casualidad que le hubiera ganado. Hoy es un eminente médico en la ciudad de Chicago, pero cuando tuvimos que ir a la cd. de Monterrey para cursar el bachillerato o preparatoria caímos en manos de las novatadas que en ese tiempo eran muy salvajes y se les ocurrió que

Martín y yo compitiéramos en una carrera empujando una corcholata con la nariz. Otra vez logré vencer a Martín. Finalmente

Martín me ganó porque yo no obtuve una carrera profesional como yo lo deseaba, pero el destino me envió por otros caminos.

Nuestro hogar era humilde sin que fuera miserable. Los hijos éramos además de mi, Alicia, Horacio, Cesar, Antonio, Guillermina y Ricardo, teníamos una madre admirable y abnegada y un padre sin haber sido muy cariñoso, siempre nos trató con bondad y nunca escuchamos de él una grosería. Nos trataba dándonos nuestro lugar y aunque nunca llegaron los dos a la ternura, por única vez ví lágrimas en sus ojos cuando tuve necesidad de dejarlos.. Un día mi padre decidió que trabajara de limpiabotas y para ello me proveyó de lo necesario para tal menester, de tal suerte que después de salir de la escuela salía a la plaza a buscar clientes y a cierta hora regresaba a casa a cenar y a hacer la tarea escolar a la luz de un quinqué. Debo decir que nunca superé esa situación porque sentía muy en lo interior que podía desempeñar algo de mucha mayor importancia. Lo mismo cuando me enviaban a vender algunas cosas, pero traía algo a la casa, aunque fuera poco.

Mi estancia en Monterrey en mis estudios se debió a la filantropía del tío Pancho de mi madre quien me patrocinaba con $25.00 y los $30.00 que mi padre me enviaba mensualmente, pagaba mis gastos de manutención sobrándome $5.00 con lo cuál asistía regularmente al Cine Rodríguez [Educamos divirtiendo] pagando $2.50 por mes aunque uno de mis maestros sostenía que el logo del cine en realidad debería ser: Prostituimos explotando.

Teníamos un digno maestro de la tercera edad cuya materia pedagógica era Raíces Griegas y Latinas y en cuyas clases los alumnos nos desordenábamos extraordinariamente aunque el pobre señor se desgañitaba tratando de imponer orden sin lograrlo nunca, sin embargo llegó el último día de clases antes de los exámenes ocurriendo un acontecimiento inesperado porque la clase completa, guardó una compostura silenciosa que hasta a nosotros mismos nos sorprendió, como un reconocimiento al esfuerzo, la abnegación y su cariño a su maestro. La clase estaba mostrando al maestro su respeto, por su edad y esfuerzo en un medio controvertido durante un largo año. Una ocasión le pregunté, tal vez indiscreto, porqué no se había jubilado cuando había tantos problemas en la pedagogía y me contestó que la pensión era demasiado pequeña, ni para los cigarros, dijo. Don Epsilón, como así le llamábamos, al dejar el salón seguido por todos nosotros que lo despedíamos, lloró de alegría y enjugándose las lágrimas con su pañuelo, nos dijo enternecido: Gracias, muchachos, les estoy muy agradecido porque quisieron cerrar el año con broche de oro. Nunca he podido olvidar ese episodio.

Otro maestro que me impactó en la prepa fue Jesús Piedra quien enseñaba la materia de Biología. Como es sabido la biología es el estudio de las cosas vivientes y desde luego los procesos involucrados en el crecimiento, reproducción y evolución y las condiciones físicas y químicas en el complejo misterio de la vida, y por ello, el primer día escolar me sorprendió la hoja escrita de su lección que se iniciaba así: En esta época de crisis del Capitalismo, donde la vida se maneja de tal manera que el control económico arrastra a la mayoría hacia . . . . etc. etc. Y bastante después, empezaba a hablarse de Biología. El doctor, estaba haciendo proselitismo a favor del comunismo, una tesis de Carlos Marx del siglo IIXX que se aplicó con resultados funestos, 20 millones de muertos, en Rusia que llegó a controlar medio mundo hasta qué su economía se derrumbó.

Estaba entre el alumnado Rosario Ibarra que fue su esposa. Era hábil para intercalar entre su plática de Biología, su ideología política y la influencia de este elemento tan disolvente como Piedra, a lo largo del año, logró su objetivo con bastantes alumnos. En el caso mío no en el campo ideológico, pero sí en el religioso pues me hice ateo para consternación de mi familia, aunque finalmente aceptaron mi manera de pensar.

Es del dominio público lo sucedido con este doctor quien se casó con Rosario y dos de sus hijos fueron enviados a ser aleccionados ideológicamente y entrenados en terrorismo a Norcorea. A su regreso se unieron en un grupo llamado Liga 23 de septiembre que asesinó al Sr. Eugenio Garza Sada, el industrial por excelencia del país. No se sabe en que condiciones fueron eliminados estos elementos tan nocivos pero su destino fue labrado íntegramente por su padre.

Terminada la Prepa, también se terminó el apoyo del tío Pancho y comentándolo con mi padre, tuve necesidad de emplearme y encontré un negocio de departamentos donde fui asignado al de maquinaria y específicamente, a la venta de partes donde observaba los tractores que me llamaban poderosamente la atención aquellos productos industriales tan grandes, llenos de fuerza, los motores diesel, las orugas en que los bulldozers se desplazaban, otros con grandes llantas, en fin, me enamoré de ellos y pronto los podía manejar a los 16 años de edad aunque no era capaz de tripular un automóvil.

Pero lo que más me admiraba era el grupo de los vendedores, individuos dicharacheros, con sus regocijadas pláticas que podían hacer que otras personas compraran sus productos a pesar de su altísimo costo. Esto me dejaba entrever el mundo de las ventas que en ese momento veía envuelto en el misterio. Mientras, entre tornillos y piezas de diversas formas, se me había aplicado el sueldo de ¡ $90.00! y pronto por no sé que razones, el jefe del Departamento me explicó que merecía mas pero que él en lo personal me entregaría mensualmente $30.00 más. Si él tenía alguna otra razón personal para ello, nunca me lo dijo.

Mi hermano Antonio que era de carácter muy industrioso, también se había mudado a Monterrey y pronto estaba trabajando en un almacén y previendo que los otros hermanos Horacio y César terminaban su Secundaria, los movimos a Monterrey también y con la ayuda de mi padre y nuestros recursos, los ingresamos a la Preparatoria y una vez que el resto de la familia se movió también a la ciudad, pudimos con mas facilidad sostenerlos llegando a terminar ambos sus carreras.

Pocos meses habían pasado cuando tuve la oportunidad de obtener un empleo en una similar ocupación en una empresa que se iniciaba que distribuía maquinaria también pero del fabricante mas grande a nivel mundial: Caterpillar. El sueldo era de $200.00, nada grandioso pero mas de lo que tenía y el director tenía entre sus planes abrir una sucursal en Valles, S.L.P. y pronto me lo dijo junto con quien iba a manejar la oficina. Con un espíritu abierto y aventurero, le dije que sí y me trasladé a ver a mis padres que tardaría en verlos por espacio de varios meses, lo cual los entristeció, me dieron sus bendiciones y después de múltiples consejos, estaba listo para partir a la nueva aventura.

CAPÍTULO 4

LA HUASTECA POTOSINA

EL HOMBRE LLEGA NOVATO A CADA EDAD DE LA VIDA:
CADA EDAD TIENE SU APRENDIZAJE.
Sebastian Roch Chamfort

En el mes de diciembre de 1946 Alejandro González y yo cargamos en una camioneta un escritorio, una silla, algunos enseres y papelería y tomamos la carretera nacional. El trayecto era de 500 klms. mismos que en ese tiempo un autobús recorría en 10 horas y que a nosotros nos tomó 8 y nos alojamos en un hotel muy típico que se llamaba Casa Grande que tenía un encanto particular, y evocaba una antigua hacienda. Después nos mudamos a unos departamentos y buscamos un local, muebles, etc. y el negocio estaba operando en poco tiempo.

Valles tenía varias calles pavimentadas, tenía una población de 14,000 personas y un río anchuroso y bellísimo con un malecón que daba a la plaza y en sus aguas se pescaba, porque hoy no. En esos días se instaló una industria de Fibracel que empezó a verter químicos, luego otras y después cuando la población creció, descargaron las aguas negras lo que acabó con su belleza desafortunadamente. Este río, aguas abajo toma el nombre de Tampaón y descarga finalmente en el Tamuín

Los huastecos son de natural pacífico y generalmente aman a su familia, sus poblaciones se extienden al sur de Valles y desde Veracruz hasta la sierra madre oriental, llena de verdor que en la estación de lluvias era muy copiosa si la comparaba con la que conocemos en el semidesértico norte del país. Sus poblaciones, Tancanhuitz, Xilitla, Aquismón, Tamuín Tancuayalab, y muchas más que rematan en Tamazunchale donde ya se entra directamente en la sierra; son muy típicas sus viejas iglesias, y muy interesantes. Tuve la oportunidad de verlos con su costumbre de bajar con sus familias de la sierra al pueblo trayendo consigo las mercancías que ellos habían elaborado, cada martes para venderlas. Desafortunadamente muchos de ellos regresaban a sus lugares hechos una cuba de borrachos con el consiguiente infortunio de sus familias que sufrían las consecuencias.

Hasta el día de hoy los hay pero en muy escaso número, caciques que se dan habilidad para que una vez dejan el poder político, se las ingenian para dejar a uno de sus compinches para seguir sangrando el erario y seguir con el poder. San Luis Potosí tenía el suyo y era el gobernador Gonzalo N. Santos a quien conocí en la cúspide del poder. Era atrabiliario, tomaba las propiedades que quería y en cierta ocasión se apropió de una fuente termal que en general son curativas y construyó con base en ese nacimiento, el hotel Taninul a 15 minutos de Valles. Consecuentemente instaló plantas electrogeneradoras que casualmente compró en la empresa en la casa matriz.

Llegó el técnico para su instalación y en su automóvil levantamos al Gral. para trasladarnos a su hotel. Santos era iracundo, blanco, de ojos verdes penetrantes, yo estaba en el asiento trasero, cuando de pronto pregunta: ¿Ingeniero, le gusta correr? El técnico le contesta que ciertamente sí. De inmediato Santos le grita: ¡Pues bájele, no voy a arriesgar mi vida por un pendejo!

Por abruptos como éstos a los que lo rodeaban estaban acostumbrados, debía su personalidad. Ocasiones había que hacía comentarios mordaces mas moderados como la vez que estando en su rancho El Gargaleote a la orilla del río donde observábamos una bomba de 20 pulgadas de diámetro me dijo: Nunca en tu vida verías una cantidad de agua como ésta en Monterrey. Monterrey es un erial, allí no se puede vivir.

Y tan se puede vivir que con la escasa agua con que Monterrey cuenta, ha desarrollado su importante industria y ha dado al país gente de mucha capacidad.

La última vez que lo ví, hace ya muchos años, era conducido por una enfermera. Lo traía desnudo, viejo y esmirriado cubierto con una toalla grande para introducirlo a las aguas sulfurosas de su hotel. Antes, se sentó a la orilla de la alberca y me miró largamente como adivinando que nos conocíamos. Poco después, murió, pagando el tributo a la vida, que ciertamente fue de violencia sangre y odio..

La muchachada era muy alegre y teníamos un Club donde los domingos nos reuníamos para convivir y bailar y me sorprendió que en fin de año estábamos bailando en plena plaza con una temperatura templada. ¡Nunca había invierno!, bueno, era una desventaja en cierta forma, porque las bajas temperaturas matan plagas en los sembradíos y eso lo agradecen los agricultores donde tienen las heladas. Tuve la oportunidad de conocer a nuestro Cantinflas en el rancho que tenía llamado El Detalle y a su hermano Roberto que tuvo en el malecón un restaurante que desde luego lo inauguró su hermano con su inimitable gracia.

Gloria González era una muchacha de mi edad, alta, morena muy guapa pasaba frente a mi departamento todos los días temprano a su trabajo. Con el tiempo nos conocimos, convivimos, teniendo muchos puntos coincidentes en cuanto a caracteres y aficiones. Una vez me regaló un libro cuya dedicación rezaba: Para el Carlos mas bueno del mundo. Un momento dado le propuse que nos conociéramos en noviazgo mas íntimamente y muy confundida con los ojos húmedos por la emoción me dijo que también había sido solicitada en el mismo sentido por Gabriel, un muchacho de 24 años que laboraba en una tienda de su padre. Desazonado por la noticia le dije que aunque me doliera mucho porque estaba enamorado de ella, le pedí que aceptara a Gabriel. El tenía la edad como para contraer nupcias, tenía resuelta su vida, y yo, no podía ofrecerle nada en mi situación. Se casaron poco tiempo después, y tuvieron 3 hijos. Muchos años después los ví en dos ocasiones. Gabriel falleció y al tiempo ella recibía los cuidados de sus hijos. Desde aquél lance, habían pasado 60 años. Un día, sonó mi teléfono y no reconocí la voz que desde la lejanía de los tiempos hablaba. Era Gloria. Carlos, me dijo, nos amamos en una época muy jóvenes, pero desde entonces, me dije: Cuando Carlos cumpla 80 años, y si yo existo, lo voy a llamar. Y lo hizo porque mi recuerdo lo guardó siempre.

La personalidad del ser humano se empieza a dibujar poco antes o después de la adolescencia donde los conocimientos fraguan, se delinean, se adoptan, se adaptan o se cambian conceptos que son notorios para otras personas. La alegría de la edad, el vigor y fortaleza hacen que constantemente se reúnan los amigos y nos veamos en su espejo que muy seguro te devolverán la verdadera imagen que tu personalidad se está consolidando y en cierta ocasión mi amigo Jesús Aguilera me comentaba: Mira, intercambiamos gracejadas y nos reímos, pero tú, aunque te ríes, hay algo en el fondo de tu mirada que no ríe, que te incomoda, búscate y encuentra porqué. Me dejó perplejo porque siempre pensé que lo hacía, pero algo él observaba lo que yo no podía ver. Poco después otro me dijo: Eres un lobo estepario. Me explicó que era un solitario en el fondo.

Respetaba mucho a Jesús por su seriedad. Al igual que yo, fumábamos sendas pipas y yo lo hacía desde los 16 años,-no sabía fumar cigarros-cuando en la prepa la compré en $1.00 a un estudiante que la había abandonado, y un grupo como de diez muchachos se aficionaron luego y acostumbrábamos fumar en la plaza por las noches, lo cual llamó la atención hasta del semanario que se editaba en el lugar, aunque era una crítica sana que nunca nos hirió.

Buscando dentro de mí mismo, reflexionaba que en todo momento que me hallaba a solas, algo me faltaba y tal vez por ello buscaba la compañía, el ruido, las voces, el barullo, pero inexorablemente, cuando errabundeaba por la ciudad, o simplemente cuando estaba solo, solía acometerme una tendencia a la nostalgia, la tristeza, o algo que opacaba la alegría de mi espíritu. Una noche de luna, en la soledad, repentinamente se hizo la claridad en mi mente que se resumió en esto: ME HE ALEJADO DE DIOS Y DEBO RETORNAR A EL. Desde los tiempos del dr. Piedra de la prepa no había pisado un templo, y por primera vez desde entonces, oré al Señor como expiando mis faltas, le pedí perdón por mis ofensas y sentí liberar mi espalda de una carga que llevaba por tanto tiempo. El siguiente día busqué una biblia que hasta hoy conservo y la leí en su totalidad, y lo mejor, mi carácter fue otro, estaba completo. Yo compararía al ser humano con un automóvil. El automóvil es el cuerpo, pero lo que le permite animarse y moverse es el motor, el alma, y el espíritu es quien lo maneja, o sea, el que lo dirige a su destino. Si nos falta el espíritu, nos movemos, pero nos falta una chispa vital y se vé en la mirada. A menudo vemos miradas vacías, que necesitan de urgencia el espíritu de Dios.

Pasó el tiempo, mi almacén de fierros sostenía sus inventarios y todo era normal hasta que me llegó un nuevo gerente que poseía un rancho en Reynosa, bastante lejos, que se daba maña para atenderlo, de tal manera que llegaba el domingo, laboraba tres días y el jueves salía tendido al norte. Por supuesto que me ordenaba que si hubiese una llamada telefónica de la matriz, aclarara que estaba en alguna parte del territorio. Suerte para él que no había celulares entonces, pero la situación se me complicaba porque tenía que atender a los clientes de la mejor manera y eso fue providencial. Las preguntas que no podía contestar concernientes a la maquinaria me obligaron a estudiar inglés para interpretar los manuales de las fábricas, los datos técnicos, precios, etc. fue pues un entrenamiento autodidacta.

Un día llegó una camioneta guayín nueva, que así se llamaban, y desmontó un desenfadado tipo quien observó cuidadosamente un tractor Caterpillar D4 preguntándome por el precio a lo que contesté: $40,000.00 más el impuesto. Ya calculado, sacó un cheque y entregándomelo, me dijo autoritariamente: Mándamelo al Tepeyac. Este era un rancho muy grande y él era Jorge Pasquel, un paniaguado del presidente Miguel Alemán.

Me quedé de una pieza. ¡Había vendido una máquina! lo cual nunca hubiera imaginado. Posteriormente llegó un agricultor que necesitaba tres tractores agrícolas que no tenía, pero los conseguí reportando desde luego a mi jefe las ventas por lo que quedó muy complacido y consiguió buenas comisiones. Después vendrían motores, bombas etc. pero ese año el inventario mostró la falta de 6 pistones de motor. Un descuido, tal vez por atender otras ocupaciones, no se cargaron en una reparación que también yo atendía, y no pasó mucho tiempo sin que llegara un árabe chaparro con una carta de la Gerencia General ordenándome entregar mi departamento y trasladarme a la matriz en Monterrey.

Mis bienes eran una cama, un ropero que había mandado hacer de cedro y una bicicleta mas $4,000.00 que estaban en mi cuenta de la compañía, por lo que procedí a despedirme de todas las bellas muchachas que había conocido, dejé algunos corazones rotos y puse proa al norte llevándome gratos recuerdos. Los recuerdos como diría Gail, tienen una carga emocional que con el tiempo, algunos pierden fuerza y se debilitan mientras que otros te cimbran con la fuerza del choque de las placas tectónicas. Algunos recuerdos todavía que me estremecen con fuerzas sísmicas.

CAPÍTULO 5

EN LA FRONTERA

*La experiencia no es lo que te ha pasado a ti,
sino como reaccionaste cuando te pasó*
Aldous Huxley

El llamado a la oficina central significaba indudablemente un despido, y como tal, sería una vergüenza para mí ante los que fueron mis compañeros y amigos, y enemigos, porque siempre los hay cuando hay una competencia por puestos o favores en un conglomerado.

Temprano me presenté ahora de 20 años a la oficina del Gerente General cuya secretaria le avisó de mi llegada. El Ing. Jesús Rendón era de fuerte presencia, de 1.84 mts. de estatura, a quien le llamábamos *el tigre* por sus maneras impetuosas y que mantenía un férreo control del negocio, por lo que no tendría defensa alguna ante él. Pronto hizo un rápido análisis del problema donde fallé al no hacer unos cargos que mas o menos llegaban a $4000.00 y casualmente yo tenía esa cantidad en mi cuenta personal por lo cual se me descontarían, que mas aún falté a su confianza, etc. etc. Traté de defenderme con el problema del gerente que se ausentaba pero él dijo que debería haberlo mencionado en lugar de ocultarlo, aunque yo le explicaba que era mi jefe directo y le debía obediencia, pero nada cambió su criterio y finalmente me dijo: ¡Tengo instrucciones de la Dirección de tratar esto con mano de hierro por lo que queda fuera de la empresa, y es todo!

Eso era todo. Parecía que todo se había derrumbado alrededor de mí. Sin empleo, sin dinero, estaba fuera de la puerta del negocio en la banqueta que era a fin de cuenta lo único que tenía, pensando que era una injusticia porque había trabajado arduamente por ese negocio y nunca le escamoteé tiempo ni esfuerzo, pensé que no debería ser y lo rechacé diciéndome Nadie puede despedirme a mí, nadie, porque soy trabajador, dedicado, esforzado, honesto y capaz, ¡No me pueden despedir y yo, los despediré a ellos! Acto seguido me dirigí a la oficina del Director General que se hallaba en otro lugar presentándome con su secretaria para solicitar una audiencia. Justo Odriozola era el direc tor y quien me había traído a su organización, era de mediana edad así que lo conocía pero no en las condiciones mías en ese momento Después de algunos momentos me recibió con gesto adusto haciendo desde luego alusión al faltante de los pistones. Le explique que se le habían colocado a la máquina de X persona por lo que sorprendido me dijo como culpándome: ¡entonces sí sabes donde están! Desde luego, le contesté, y he tratado de cobrarlos, pero no me ha sido posible. Le hice un pormenorizado informe de actividades en ventas, control de la oficina, que escuchó con interés. Al final de mi alocución, me miró detenidamente y me dijo: Te voy a dar una nueva oportunidad y de mayor responsabilidad en Matamoros, Tamps. como Subgerente. Fue una buena posición de mayor responsabilidad que la que tenía cuando estaba al frente de un mostrador vendiendo tornillos, era desde luego algo desde donde podía volar. Estaba cursando una carrera sin pisar una universidad.

Entre paréntesis vale la pena comentar que renuncié a la empresa tres veces y nunca se me aceptó y para dejarla, tuve que arrancarme literalmente de ella. Cumplí lo que había vaticinado.

A mediados del siglo pasado, Matamoros, así como Reynosa, eran lugares donde pululaban los contrabandistas, la corrupción era la nota, siempre tal vez lo ha sido, pero ahora se combate más a lo que parece y en el centro de la ciudad se encontraban concentrados los prostíbulos llenos de luz pero con un vecindario agobiado por los espectáculos que noche a noche tenían que soportar. El alcalde, un señor Elizondo hizo del cambio de los lupanares a las afueras de la ciudad, su cruzada personal a tal grado que cuando logró sacar del cabildo el acuerdo y obtener la fuerza pública para obligar a los lenones al cambio, dejó la vida en aras de su noble esfuerzo pues fue asesinado una noche cuando se dirigía a su casa, frente al restaurante Drive-inn, que había sido muy popular desde que se instaló en tiempos de la II guerra mundial.

Los campos agrícolas del norte de Tamaulipas habían empezado a florecer con la construcción de la presa de Camargo, se estaba construyendo un gran canal, el Rhode que, junto con la futura construcción de la presa Falcón, con una capacidad de 5,000 millones de mts.3 de capacidad, irrigaría100,000 hectáreas en el área de Río Bravo por lo que el futuro era promisorio, además de los campos de cultivo de temporal al sur de Matamoros y Valle Hermoso, con todo ello, el territorio de ventas era amplísimo.

Me trasladé a Reynosa para abrir una agencia dándome cuenta de que no era tiempo de hacerlo, pero conocí muchas personas que después me serían muy útiles para mi desempeño como un profesional en ventas. Cerré las operaciones allí y me concentré en Matamoros. El gerente era Erasto Garza, a quien el personal llamaba don Ingrasto tal vez por lo poco desprendido que era, pero en general, se podía tratar con él.

Era rutinario que delincuentes en esa frontera se liaran a balazos por rencillas entre ellos, y uno muy notorio era Juan N. Guerra que tenía su centro de operaciones en un céntrico bar y había otros que se decían los Fierro y nadie los paraba, con todo y ello, cerca del río proliferaban los restaurantes, bares, centros de diversión donde había alegría nocturna y a los cuales, los estadounidenses eran asiduos visitantes.

Frecuentemente acudía a fiestas a las que los jóvenes éramos tan asiduos, y los parties en Brownsville y era común que a las 4:00 de la mañana me iba a la cama, sin embargo, a veces me acometía la nostalgia y la rebeldía. Un 2 de noviembre frío tomé una pluma y escribí mis pensamientos:

Aquí, tratando de pasar agradable esta tarde de ocio. Afuera hace un frío atroz y el viento silba moviendo constantemente los cables del alumbrado. La música que tantas veces he bailado, reído y disfrutado con bellas muchachas en alegres noches, no tiene ahora el mismo significado, suena distante, como de otro mundo donde la tibieza de las noches y la alegría desbordante lo llenan de colorido. Allí uno no quisiera terminar. Ahora, con este cielo gris, la misma música solo me entristece.

Soledad. ¿Es que estamos vegetando y la corriente nos lleva hacia la única consideración realmente importante en este mundo? ¡Dinero! Dinero para divertirnos, para vestirnos bien, para todo. Es un valor cegador que obnubila nuestros sentidos hacia otras consideraciones. En otros tiempos estar con mi familia era todo para mí y me consideraba feliz. Hoy solo me siento vacío. Decía Miguel de Unamuno: Pobre de aquel que no es capaz de aguantar su soledad y se siente desgraciado si tiene que permanecer solo, porque ese tal no se conoce a sí mismo y solo vé en los demás su imagen reflejada.

¿Que me está pasando, Dios mío? ¿Es que el medio en que ahora me encuentro se está infiltrando en mis huesos poco a poco? ¡Rapidez, eficiencia, fiesta y algazara, ruido y algarabía! ¡Que tremolen cielos y tierra con la música percusionista de las orquestas! ¿pero, porqué? Mi soledad solía ser poética, lejos de banalidades, momentos verdaderamente felices de mi vida, como el salir corriendo de la escuela hacia la plaza pueblerina, los atardeceres de celajes púrpura y carmesí, el humo de las chimeneas por la tarde, el correr a nadar al río, escapar corriendo después de robar algún huerto, trepar al árbol mas frondoso de la casa para contemplar los verdes campos a lo lejos . . . ¿y que decir de la iglesia? Aquél olor a incienso, el cantar el pange lingua, tomar el incensario y mecerlo una, dos, tres veces ante el sacerdote en el rosario de la tarde mientras se escuchaban la campanadas y las oraciones . . . las voces femeniles que cantaban en latín, han dejado en mí mas impresión que el carmín en mis labios.

Debe uno estar conciente de que no es el dinero ni su poder adquisitivo la verdadera felicidad, y esta es la moraleja del cuento del rey que para curarse de su enfermedad debía tener la camisa del hombre mas feliz del reino y cuando lo encontraron, no tenía camisa.

¡Odio esos ramplones llenos de decoro y dignidad ficticia que se pavonean ufanos de su posición social, de sus coches y de su cuenta en el banco. Ojalá no llegue yo a ser uno de ellos porque mis meditaciones de esta tarde gris y helada, me dicen que la felicidad no se compra y que nuestros valores están realmente dentro de nosotros mismos, falta solo descubrirlos. Dijo Miguel de Unamuno: De nada sirve que se viva en la montaña mas majestuosa o al borde del río mas caudaloso, si no se lleva una montaña de pensamientos en la cabeza y un río de sentimientos en el corazón.

Había conocido una bella muchacha en Reynosa quien en cierta ocasión me llamó para acompañarla a una fiesta de una reina de cierto certamen y por lo tanto un compañero y yo nos preparamos para viajar una noche en mi viejo Chevrolet 48. El viaje tendría que ser por la carretera 81 que nace en Brownsville y sigue al lado de la frontera debido al deplorable estado de la carretera mexicana en ese entonces. Habíamos avanzado 50 klms. cuando tuvimos una ponchadura al frente. Yo de inmediato tomé un pequeño gato hidráulico, me tiré bajo el auto para colocarlo bien, cuando otro vehículo impactó el mío, salió hacia un lado y me golpeó con el eje delantero golpeándome en la cara llenándome de sangre la ropa. Mi compañero detuvo a unos norteamericanos llevándome a un hospital en Weslaco, y ya no pude asistir a la fiesta de Irma, que así se llamaba.

El doctor, me hizo una sutura en mitad de la cara que me dolió mucho por el aspecto estético de la operación, tenía 22 años de edad y tendría que arrostrar miradas y lástimas. 15 días estuve en el hospital y se me aplicaron rayos ultravioleta para quemar la cicatriz y ocasionar despellejarla varias veces para eliminarla lo más posible, de cualquier manera, las enfermeras se sentían atraídas por mí y al fin del día se reunían en mi cuarto, ¿ o sería por lástima? Nunca lo supe.

Poco tiempo después, fui llamado de las oficinas principales para moverme a Torreón y colaborar en esa sucursal, de mayor importancia para impulsar la distribución de maquinaria en la zona lagunera.

CAPÍTULO 6

LA LAGUNA Y LA ZONA DEL SILENCIO

La vida no está hecha de deseos y si
de los actos de nosotros mismos.
Paulo Coelho.

El área de Torreón, Gomez Palacio y Lerdo, se llama La Laguna porque según los lugareños en aquel tiempo, las corrientes del Río Nazas durante millones de años habían concentrado en el subsuelo grandes cantidades de agua bajo el desértico suelo. Las aguas de la sierra durante el régimen de Cárdenas se controlaron mediante la Presa de El Palmito, en Durango y su vertiente canalizada hasta el área de siembra terminando en la laguna de Mayrán.

La oficina de la empresa era dirigida por un alemán, Sr. Kuster, persona amable que me recibió como un elemento más, del Depto. De Ventas. Torreón fue en su tiempo un verdadero competidor económicamente hablando, para la cd. de Monterrey. Con el tiempo competirían en inseguridad, pero en esa idílica época, era la cabecera de un arduo trabajo agrícola donde los agricultores se afanaban en sus tareas y por las tardes se llegaban a los cafés de la ciudad para contar sus cuitas y saludar a sus colegas y a uno que otro vendedor que nunca faltaban en los cafés de mas renombre.

Todo funcionaba normalmente hasta que el Gerente General, me habló para indicarme su necesidad de abrir una agencia en un lugar llamado Ceballos, Durango.

Esta población distaba de Torreón 137 Klms. al norte pero tenia el inconveniente de que después de Bermejillo, el camino era de terracería ¡Y que camino! Para transitarlo tomaba 6 horas de suplicio por unos 87 Klms. De tal suerte que los viajeros preferían usar el ferrocarril, la misma vía tan llena de historia que Pancho Villa utilizó para bajar de Chihuaua y atacar a Torreón en su célebre episodio revolucionario que tan bien relataría John Reed y que tan bien retrataría a los mexicanos: Imaginé a aquellos hombres como símbolos de México, corteses, afectuosos, pacientes, pobres, tanto tiempo esclavos, tan llenos de sueños, que pronto serían liberados. Muchos dejaron sus sueños por la muerte de mas de 1,500 en el ataque. Desde Ceballos, envió una partida por el desierto para tomar Tlahualilo rumbo a la serranía llamada las tetas de Juana.

Ceballos era una población de 200 casas de adobe en aquél tiempo, y se construía así porque nunca llueve y se contaba que había niños de 5 años que un día que llovió estaban aterrorizados. El desierto es inmenso y sólo se cubre de una hierba llamada sabaneta, adherida tan débilmente al suelo que con los vientos alisios se suelta y rueda buenas distancias. A pocos kilómetros está Yermo famosa por ser el centro de la zona del silencio, así llamada porque en cierta área las ondas hertzianas se pierden; esta zona tiene alrededor de 50 klms. de diámetro y es notoria la frecuente caída de aerolitos, muchos de ellos magnéticos que distorsionan la brújula. La explicación que se ha dado a este fenómeno es que a cierta profundidad existe una masa o magma magnética.

Hay un popular dicho entre los mexicanos que dice: Para los toros de El Jaral, los caballos de allá mismo. Lo que viene a ser lo mismo aquél otro: Para que la cuña apriete tiene que ser del mismo palo. Son metáforas para significar que si existe un problema solo lo puede resolver quien conoce el mismo, y en esa época El Jaral estaba en decadencia, pero era fácil darse cuenta de la importancia que tuvo pues los archivos aquí y allá indicaban muchas transacciones de productos agrícolas a pesar del desierto porque indudablemente había manera de regar, pero que las acciones terminaron con la revolución y no se reanudaron hasta entonces.

A Yermo llegó un grupo de Menonitas, grupo religioso muy esforzado, con un permiso del gobierno para trabajar determinada cantidad de hectáreas y era de ver la industriosidad de estos hombres, que con su ingenio estaban tratando de reparar una perforadora sin acudir a nadie pues no tenían dinero pero a brazo partido, sobrevivían donde otros sin apoyo económico sucumbirían. Lo digo porque en esos días me afilié a un grupo político que dirigía un general con objeto de reunir núcleos para apoyar candidatos del partido gobernante con la promesa de entregar tierras a los afiliados. El día de la entrega de la dichosa tierra, llegaron camiones de gente, porque cuando algo es sin ningún costo, todo mundo llega a la repartición, y pronto surgió un lidercillo quien sin mas preámbulos, sobre las ruinas de una noria seca, le alargó al que estaba a su lado un papel ajado y sucio para que lo leyera, y ahí decía su nombre que era secretario de una agrupación desconocida y para encabezar el movimiento del grupo, empezó a hablar de las bondades de la revolución y de cómo los pobres nos liberamos y ahora la prueba era la tierra que nos estaban entregando diciendo que la noria donde él estaba parado, había dado agua para ganado de mil cabezas, etc. etc.

El área a repartir estaba en el Bolsón de Mapimí, de lo mas desértico del país. El sol caía a plomo a mediodía. Como ya conocía las condiciones reinantes, tomé la palabra y les dije a los allí reunidos: Amigos, todos esperamos sembrar pero sembrar en este erial requiere muchas cosas, y para sembrar algodón o trigo, mas todavía. Para cultivar algodón, se necesita bombear agua a 100 lts. por segundo para mantener el riego, esta noria prácticamente está seca pero si le pongo una bomba de 5 cms. de diámetro la acabo en 1 hora, quiere decir que no existen condiciones para ello y que si alguien piensa sembrar aquí, mejor que lo piense bien por que va a tener muchos problemas. Acto seguido me retiré a mi grupo y les dije: Me voy al cine, ¿alguien quiere ir?. Me fui y luego me dijeron que me habían otorgado un lote que nunca acepté por que me dí cuenta que la acción era de tipo electoral y mediática. El gobierno entregaba tierra a los pobres que siempre serían pobres y que pronto emigrarían al extranjero, pero los periódicos destacaban la buena obra gubernamental a favor de los desprotegidos.

El área de Ceballos, 70 klms. mas al norte, desértica, había sido explorada por norteamericanos en tiempo de la guerra mundial, se decía para buscar agua para sembrar guayule u otros cultivos, sin haberla encontrada, sin embargo, ahora, había bastante agua como para la siembra de algodón. La explicación mas racional era que después de la construcción de la presa El Palmito se formaron en el subsuelo corrientes de agua que los agricultores extraían mediante bombas para riego, constituyéndose un núcleo suficiente grande para la distribución de maquinaria y dar el servicio de reparación que se requería, por ello, construí-de adobes-dos simples cuartos, instalé una planta electrógena, y un sistema de radiocomunicación y con un jeep trajinaba por todo el territorio; así un día encontré en Escalón, Chihuahua, extrañamente, un vagabundo estadounidense junto a un tanque como le llaman a una cisterna donde el agua cuando hay, se escurre hasta él, pero se veía que hacia años no había lluvia, y me dijo: There s no fresh water. Tampoco la tenía yo y le indiqué un lugar donde podría obtenerla. Raro ver a una persona como él en estas latitudes.

A la llegada del tren, me acercaba para saber quien se iba y quien venía, pero mas para conversar con los agricultores. Había estacionado mi jeep cerca de la vía junto al último vagón cuando el tren empezó a retroceder para abastecerse de agua y me grita uno de los que estaban conmigo avisándome que el tren había enganchado al jeep de la llanta de extra que estaba montada a un lado. Sin pensar un segundo, corrí, alcancé el vehículo, subí de un salto, arranqué el motor y empecé a maniobrar para desembarazarlo. El tren ya me llevaba varios metros hasta que logré soltarme. No me asusté en ese acto, pero después me dijo un amigo: Estás pálido. Después comprobé que no me asustaba en los riesgos cuando los enfrentaba, sino después cuando habían pasado y me parecía que era una ventaja.

Tenía un buen amigo, un médico que hacía su servicio social, egresado de la UNAM y era muy alegre y festivo. Acremente le reprochaba que tenía prisionera una tortuga. Era una bella tortuga por su gran tamaño, pues en esa zona estos animales se desarrollaban en esa forma tal vez porque caminaban demasiado para poder nutrirse, aunque el chino Chao del restaurante hacía chop-sui con ellas, pues era un inconciente. Habían baleado a una camioneta una noche y temía por el doctor, por lo que lo acompañaba a los partos o urgencias de noche y a veces nos organizábamos para invitar muchachas y muchachos en su local para bailar y pasárnosla bien pero una vez no tuvimos vino y nos vimos con aprietos, pero él solucionó el problema mezclando refrescos con alcohol de 96 grados. Esa fiesta fue donde las muchachas estuvieron mas alegres que nunca.

Otro de mis amigos era Emilio Jacques, un tipo desenfadado que acostumbraba llegar a la cantina del pueblo-Las fuentes brotantes—que tenia profusamente distribuidos los quinqués pues no había alumbrado eléctrico y una vez que llegó a la cuarta cerveza, sacó su pistola y al mejor estilo del oeste norteamericano puso al lugar a oscuras apagando a balazos cada quinqué. Pero Emilio no era cualquiera, comedidamente pagaba sus destrozos antes de irse a casa.

Próxima la semana santa, hacía planes para encaminarme a Torreón a llevar mi jeep para traer otro vehículo, pero me desanimaba nadamás de pensar en el viaje y alguien me dijo de otro camino mejor y éste salía de Yermo y llegaba a Mapimí y allí tomaría la carretera hasta Torreón así que hice mi plan para salir el viernes santo. Me encaminé a Yermo, tomando un camino hacia un lomerío. Había salido a la 10:00 y tiempo después el camino se dividía y me quedé indeciso, así que tomando en cuenta la dirección de Torreón, decidí el camino de la izquierda. Tenía ya 2 horas y no había encontrado un rancho ni alma viviente, es más, ni un solo pájaro. Llevaba agua y un sándwich pero no más. Más adelante encontré de nuevo la división del camino, y de nuevo tomé a la izquierda. El camino bajaba y subía pero me inquietaba su soledad, el sol canicular y el desierto mas atroz. Más adelante el camino se dividía en tres, y seguí mi criterio en cuanto a orientación, a la izquierda, pero ya eran las tres de la tarde y no había encontrado vestigios de civilización. Para no hacer largo el cuento, después de las 5:00 de la tarde, divisé un caserío, era Mapimí y al acercarme a la carretera, se desbieló el motor; el noble y resistente vehículo cayó después de 7 horas de trabajo intenso y entonces di gracias a Dios que me haya ocurrido en ese momento pues nadie hubiera podido socorrerme en medio del desierto, porque no encontré ser viviente en todo el trayecto que me pudiera prestar ayuda, prometiéndome no volver a hacerlo nunca. Y nunca lo hice. Encontré un camionero que me remolcó hasta Torreón, llegué a mi departamento y no salí hasta el sábado de Gloria.

CAPÍTULO 7

EL MATRIMONIO

ESCOGE A UNA MUJER DE LA CUAL PUEDAS DECIR:
HUBIERA PODIDO ESCOGERLA MAS BELLA PERO NO MEJOR.
Pitágoras

Al día siguiente desperté tarde y tomé el ritual del baño, y viniendo del desierto es todavía mas importante porque el polvo del desierto se adhiere no solo a tu ropa sino a toda tu persona por lo que hay que tener cuidado de desempolvarte seguido porque ese polvo tiene un olor muy peculiar. Desayuné y me reporté con Herr Kuster, como yo lo llamaba, le entregué las notas de ventas y fotografías de los equipos de bombeo etc. y le pregunté donde podría comprar rollos. Me lo dijo y aproveché por la tarde para acercarme a la tienda y me detuve en el aparador donde se exhibían diversos modelos de cámaras, pero mi vista tropezó en el interior con la figura de una muchacha que hablaba con un cliente y sonreía con natural gracia y belleza que me trajo a la mente el Cantar De Los Cantares de la Biblia:

> Quien es esta que se muestra
> Hermosa como la luna,
> Resplandeciente e iridiscente como el sol,
> Imponente como ejército en marcha,
> Con banderas desplegadas
> Y pendones enhiestos,

Dejando tras de sí
Una estela de gloria y de grandeza.

Después de unos momentos de contemplación, decidí para mis adentros: Con ella me voy a casar. Y acto seguido, y aprovechando que ya estaba sola, entré para conocerla de cerca y de cerca quedé prendada de ella; aunque muy amable, me vendió un rollo, pero cuando traté de hacer una cita, no fue posible y después me quedó claro que tenía novio.

Después de haber conocido tantas muchachas con muchas cualidades, conocí a una que entre sus cualidades tenía una chispa de humor y un gracejo muy particular pero por más que la llamaba por teléfono, no lograba hacer que se interesara en mí ni podía hacer una cita, pero al poco tiempo, algo sucedió en la relación que llevaba porque aceptó un día salir a jugar boliche una noche conmigo, hablamos largo y fue cuando nos comprendimos. Hortensia y yo seguimos tratándonos y entonces fui un frecuente viajero del tren pues procuraba estar en Torreón a la primera oportunidad y cada vez mas nos dimos cuenta de que teníamos muchas afinidades y nos entendíamos con una sola mirada y aunque hubo un momento de discusión una noche y cada uno se sintió ofendido, al siguiente día yo me presenté con mi camioneta y ella subió tan campante como si nada hubiese pasado. Me dí cuenta que nuestro cariño superaba con toda facilidad las dificultades que pudiésemos tener y que nos perdonábamos nuestros errores sin siquiera mencionarlo y por último, que nuestra relación duraría . . . para siempre.

Tres meses son tiempo suficiente para que dos personas se formen una cabal impresión de la personalidad cada uno del otro y por ello ya había decidido llegar al matrimonio con Hortensia, pero las circunstancias no fueron tan propicias como yo lo esperaba pues fue necesario trasladarme de nuevo a la frontera en Matamoros lo cual traía inconvenientes de tipo sentimental. Cuando lo comenté con mi novia,ella replicó de inmediato: ¡Tu nunca regresarás!

Es una película que muchos hemos visto. El galán se aleja prometiendo regresar y en innúmeros casos, jamás vuelve porque lejos, surgen otros afectos, en su nuevo entorno. Sus padres, también tenían la misma percepción y que no honraría la promesa que le haría de regresar por ella porque una promesa ante la realidad de la distancia, no se puede tener plena confianza. por eso, disculpaba su incredulidad.

Era una situación compleja porque momentáneamente no podía sufragar el gasto necesario para una boda aunque fuera modesta sin versallescas pretensiones. Lo discutimos durante un viaje a Peñón Blanco, Durango, un lugar pequeño junto al Rio Nazas donde antiguamente funcionaba un molino movido por fuerza hidráulica, lleno de historia, entre un regocijado grupo de amigos y también las madres de las amigas, que cuidaban que el comportamiento de sus hijas se ajustara a las mas estrictas normas de la dignidad y decoro que la moral exigía en aquellos tiempos cuando se medía con otros parámetros.

Allí intercambiamos promesas de nuevo después de convencernos de nuestra fidelidad y cariño que esperábamos duraría el tiempo que fuera necesario y que nada ni nadie nos apartaría de nuestra línea y de nuestra firme idea de convertirnos en marido y mujer.

Don mateo y su esposa, Doña Luz María y su familia tenían una modesta vivienda que llenaban de luz, risas, canciones y flores. Hortensia tiene un hermano y cuatro hermanas y tanto padres como hijos, todos cantaban alegremente en cuanto se reunían con cualquier motivo por lo que tenían una alegria contagiosa y una plática chispeante. En cierta ocasión me decía un estadounidense que todos los mexicanos cantaban y es muy cierto con contadas excepciones entre las que me encuentro pero esta familia tenía una cultura musical que se develaba en reuniones familiares o entre amistades algunos de los cuales se revelaban dignos de seguir los pasos de vernáculos cantantes populares y Hortensia era de ese tipo por su bien timbrada voz y tal vez si se hubiera dedicado a esa profesión posiblemente habría encontrado su sitio en el medio artístico.

En lugar de tratar de escalar el estrellato entre el firmamento que pululaba el medio televisivo, había decidido buscar conmigo la aventura de cruzar el turbulento mar de la vida donde dos seres tienen que remar al unísono coincidir en los esfuerzos, exigir y ceder, mantener un ambiente de concordia placentero donde los hijos puedan desarrollarse, y que la nave que abordemos, llegue a su destino final. Es lo que ella había decidido. Se uniría a un joven de 24 años, tratando de labrar su propio futuro, con una economía muy endeble, pero con una decisión firme de afrontar los inconvenientes y el futuro no lo arredraba porque sus bases morales eran fuertes lo suficientes para capear las tormentas que se afrontarían en la senda de su vida.

El carácter de los laguneros, como coloquialmente son llamados, es franco y llano, típicos del altiplano mexicano que conquistan fácilmente con su afabilidad. Después de muchas recomendaciones, nos despedimos y partí de nuevo.

CAPÍTULO 8

RIO BRAVO

LAS PERSONAS FUERTES CREAN SUS ACONTECIMIENTOS;
LOS DÉBILES LO QUE LES IMPONE EL DESTINO.
Alfred de Vigny

De regreso a Matamoros, inicié mis labores con mas experiencia que había adquirido en otras latitudes, con mayor conocimiento de maquinaria, hombres y mujeres pues estaba comprometido con una y ahora tenía mas necesidad de efectivo para poder enfrentar las futuras necesidades. Tenía buenos amigos, buenos clientes, que eran buenos agricultores, tenían riego con agua rodada según su expresión, aunque había temporadas de huracanes, lluvias u otras condiciones climatológicas que afectaban sus cultivos, por eso, comentaba José Luis Elola, : La agricultura es el último reducto de los pendejos. Sin embargo, el mismo José Luis y la generalidad tenían buenos ingresos cada año.

A los quince días fui a ver la novia y nos divertimos con los amigos y tristemente nos despedimos 2 días después. ella se mantenía fiel a nuestro compromiso a pesar de que era asediada o importunada por pretendientes.

Por mi parte, tenía muchas amigas, una en particular, Cuquita, era mi asidua compañera para jugar tenis en una cancha de

Brownsville y la trataba como muy buena amiga, pero nada más, sin embargo, ella pensaba de otra manera con respecto a mí, al punto que me investigaba mediante personas que vivían en Torreón de donde yo procedía, y un día muy seria, me dice: Carlos, tu tienes novia. Le contesté: Es cierto, Cuquita, por eso puedes darte cuenta de que a pesar de lo que me gustas, no puedo hablarte de cariño, de amor, pues estoy impedido para ello porque no quiero engañarte a ti ni a nadie. Espero que me comprendas.

Ella lo entendió pero sufrió porque tenía cifradas sus esperanzas en una relación mas seria y yo no era la persona para ella. Nos despedimos esa misma noche.

El tiempo pasaba y como todos sabemos, trabaja contra los enamorados y los viajes a Torreón se sentían mas pesados cada vez y nuestras despedidas eran cada vez menos cariñosas y los amigos de ella y mis amigas, yo sentía que pudieran tener una influencia que pudiera dañar nuestra relación, por lo tanto, en el siguiente viaje, le dije sin ambages: Mira, no podemos seguir así, la lejanía nos está perjudicando. Debemos casarnos ya. Si estás de acuerdo y me quieres tanto como para unirnos ante el altar, dímelo para dar los pasos necesarios. Ella refrendó su cariño y decidimos pedir su mano por lo que al siguiente día me presenté con su padre y le hablé de esta manera:

Don Mateo: Dice El Eclesiastés que hay tiempo de amar y tiempo de aborrecer, y que el que encuentra esposa, hace bien y lo bendice el señor. Para Hortensia y yo, el tiempo llegó y quiero pedirle su mano en este momento porque queremos fundar una familia que esperamos sea feliz.

El se sintió muy complacido y de inmediato me otorgó su mano y me dijo: Desde ahora, para mí, es usted mi hijo, dándome la mano. Doña Lucita, como llamaba a su esposa, llegaba con unas copas para brindar junto con el resto de la familia el acontecimiento que auguraban muy feliz. Todos participaron y se decidió realizar la boda el 26 de Noviembre. Para mi madre que amaba su terruño y su gente y conocía hasta el correr de tórtolas, perdices y palomas en la iglesia y la plaza pueblerina, me decía que si pensaba en matrimonio, mejor buscara una muchacha a la que conociera por sus progenitores y cualidades, a lo cual contestaba: en tantos andares nunca podría adivinar de quien me enamoraría. El amor, emana de la tierra, baja del cielo, está en el aire, impregna a las mujeres y lo esparcen a su paso y un día lo encontraré sin darme cuenta. Ese día será cuando la escoja. Cuando mi madre conoció a hortensia, quedo tan gratamente impresionada que la acepto desde el primer momento como si fuera de la familia. Ya estaba bajo el dintel de la gran puerta de la iglesia.

Dicen que las novias siempre son bonitas. La mía lo era ciertamente y pacientemente me esperaba porque mi transporte tardó un poco más de lo debido pero todo estaba en punto. Los amigos, los padrinos, mi madre, mis hermanos Horacio y Guillermina tomaron sus asientos, se llevó adelante la misa por un joven sacerdote pero con toda la seriedad que el acto revestía, nos ungió como marido y mujer y después de una modesta celebración, partimos al destino que todos los lunamieleros estimaban el mas INN de ese tiempo: Acapulco.

Regresamos del viaje de bodas en Panamerican Airways a Brownsville porque no había aeropuerto en Matamoros todavía. Fue una desilusión para la nueva desposada la pequeñita casa que había rentado en una calle de tierra, además del escaso mobiliario que constaba de una cama nueva, un refrigerador de segunda, un ropero, una estufa, y tomábamos los alimentos momentáneamente con unas estimables damas que ya conocía y se dedicaban a eso. Pero todo lo sufrió porque el amor era todavía mas grande que las carencias. Tenía una gran facilidad para ganar amigos pues su carácter era ligero y agradable. Pronto nos mudamos a otra casa mejor y además sustituí la mesa de la cocina que era un rollo que se usa para embarcar cable de acero, por una mesa y sillas bastante decorosas.

Un día caminando por la mejor colonia de la ciudad, le mostré una hermosa casa que me llamó la atención diciéndole: Te voy a hacer una casa igual a ésta. Todavía existe la fotografía de la casa y nosotros abrazados frente a ella. Pocos años después pude hacerla realidad.

Algunos meses después, como es lógico en nuestras circunstancias, Hortensia estaba embarazada y no sin tropiezos, nuestro primer hijo Carlos, llegó a este mundo que nos alegró inmensamente. Era un chico vivaz pues observaba nuestros movimientos desde sus primeros días

La empresa de nuevo me movió a una pequeña pero pujante población agrícola que se hallaba entre Matamoros y Reynosa que tenía una población de 20,000 habitantes y para todos los efectos, era un ejido perteneciente a Reynosa, aunque grande, pero Reynosa pesaba bastante en la política estatal. Pues allí llegué para rentar una casa donde alojaría a mi familia.

Rio Bravo era de miserable condición. Cuando llovía, parecía que lloviese lodo. Para viajar deberíamos hacer señal de parada a los autobuses en la carretera pues no tenían oficina. Para hacer una llamada a matamoros, simplemente, a 70 klms. se tenía que consumir una hora de tiempo ante un anciano que controlaba la única y deficiente línea telefónica. Era un verdadero desastre. Además descubrimos que la casa estaba invadida de ratas por lo que tuvimos necesidad de iniciar una verdadera campaña donde cada noche las trampas funcionaban sin interrupción. Las brechas hechas de acuerdo a una cuadrícula de lotes agrícolas de 100 hectáreas, en época de lluvias eran casi intransitables y así inicié mis actividades donde en mi casa recibía aperos agrícolas para distribuirlos a los agricultores

En cierta ocasión en un viaje a la ciudad de México, decidí investigar porqué una población de ese tamaño no podía tener un servicio tan vital como la comunicación telefónica, así que me presenté a las oficinas principales y después de consultar varios documentos, coincidieron que era el momento de tender las líneas al poblado porque estaba programado para ese año, pero se requería entregar a Teléfonos de México la cantidad de $250,000.00 pagado a cuenta de las líneas particulares y que de no hacerse, la nueva programación sería dentro de 5 años.

¡Cinco años! Era una eternidad. Tenía que hacer que la población considerase esta posibilidad y yo era un solemne desconocido en el pueblo, pero debían saberlo. Busqué al presidente del Club de Leones, Lalo, quien amablemente accedió a convocar al pueblo pues era ampliamente conocido y una noche lluviosa el lugar estaba lleno cuando Lalo me presentó y que tenía algo que decirles, y lo mejor que pude les hice una exposición del problema, las repercusiones que tendría en la economía del poblado, la urgencia de allegar ese dinero, porque el tiempo se nos estaba acortando cada día, etc. Empezaron las preguntas, la discusión y al final quedaron en ampliar la información y se nombró un comité para cobrar, dar recibos y comprometerse con los habitantes solicitantes de los teléfonos, y claro, el presidente del comité fui yo por ser el mas conocedor de la situación, el banquero fungió como tesorero y un ingeniero técnico agrícola, se nombró como secretario.

El entusiasmo fue desbordante. Con un arduo trabajo, logramos recabar $ 600,000.00. Para entonces ya había hecho acuerdos con el gerente del área con sede en Matamoros, Entregué el dinero, me hizo por escrito el contrato del tendido de líneas, las líneas privadas y pronto, estaban las obras en proceso y luego teníamos nuestros teléfonos en casa, desde donde podíamos comunicarnos al mundo, ¡por fin!.

Este esfuerzo fue mas bien por la urgencia que tenía de contar con el servicio dejando de perder miserablemente el tiempo comunicándome, Ya había construido un local apropiado para las necesidades de una distribución de maquinaria y las instalaciones del servicio, pero también los residentes me invitaron a presidir la Cámara de Comercio dedicándome a terminar la modesta construcción del edificio a cuya inauguración atendió el gobernador del estado por lo que tuvo cierta relevancia.

Hortensia ya habitaba la casa que le había prometido y además tenía su segundo y tercer hijos, Eduardo y Ricardo y se sentía bastante feliz. Fui invitado al Club Rotario del cuál fui Presidente, y con esa popularidad incrementada por el tabloide que se editaba, un grupo empezó a pensar en mí para proponerme para delegado municipal. También ya había tomado fuerza la solicitud que la Cámara de Comercio y la ciudadanía en general para independizar a Río Bravo como municipio ante el Congreso del Estado con una fuerte oposición de la ciudad de Reynosa.

Siempre pensé, como muchas personas, que la actividad política era denigrante por la aureola corrupta que la rodea, aunque es un error, pues eso existe debido a que todos los ciudadanos de acendrada moralidad, que hay muchísimos, por ello no se atreven a presentarse en la palestra política y siempre están prestos muchos individuos de dudosa reputación de quienes rápidamente se conocen sus trapacerías, algo que aquellos no están dispuestos a aceptar acusaciones de conductas impropias.

Bajo esta premisa, descarté cualesquier propuesta en ese sentido, sin embargo, empujé todo aquello que tenía que ver con el municipio hasta que nuestro grupo fué convocado a Reynosa para que el alcalde nos leyera el acuerdo del Congreso otorgando a Río Bravo, el nombramiento de nuevo municipio con un área muy importante limítrofe con los EE.UU. con un puente internacional incluído.

Precisamente el puente está en un pequeño conglomerado llamado Las Flores que luego se cambió a Nuevo Progreso porque el punto correspondiente en los EE.UU. es Progreso, Texas y debe mencionarse que en este lugar nació el grupo delictivo Los Z, y se empezaron a ver asesinatos aquí y allá muy sanguinarios y cuando estuvieron mas fuertes, se acercaron a los comerciantes e industriales para exigir protección como hoy estos grupos lo hacen en gran escala. El gobierno y el ejército están enfrascados en una verdadera lucha hoy con grupos cuyo origen tuvieron en un recóndito lugar de nuestra geografía

Hubo fiesta y algazara en el pueblo y un buen amigo mío fue el primer alcalde e hizo un buen papel, se pavimentaron muchas calles, y la cara del lugar que se había modificado, empezó a desarrollarse con fuerza.

Con respecto a mis actividades laborales caminaban muy bien pues estaba obteniendo premios en los concursos personales y oficinas de ventas en la empresa. Hubo un caso que me dio mucha satisfacción. En las zonas agrícolas, se prepara la tierra con los tractores con arados y rastras, lo que ocurre preferentemente en invierno, luego en enero y febrero se riega y se deja que esté a punto para la siembra que normalmente se hace entre febrero y marzo para que las plantitas empiecen a salir en primavera con toda la fuerza, tengan buen crecimiento y posteriormente hay que cultivar para eliminar la hierba, aflojar la tierra, en venenar, y allá por julio, cosechar.

Un invierno, me preguntó el Director que cuantas Combinadas, o cosechadoras para sorgo, creía yo que iba a vender. Como todavía no se sabía que superficie se iba a sembrar de sorgo, le dije que aventuraba unas 60 para no extralimitarme. Pasó el tiempo y para marzo yo creí que podía vender 80. Finalmente vendí 92, todo un récord a nivel nacional de todas las marcas en el mercado ese año. Un día llegó el director, me pregunta sobre las ventas, se lo informo y sin inmutarse dice: Me dijiste 60, pues que buenos cálculos haces.

Sinceramente creí que me iba a felicitar, pero era propio de su carácter, algo de su manera de ser a lo que hice referencia en mi carta de renuncia tiempo después, porque nunca lo olvidé. Era bastante seco en su relación con el personal pero en general, llevaba su negocio con eficiencia aunque la podía mejorar fácilmente porque el personal es el que levanta o hunde un negocio y en estos tiempos, el personal es un activo que nunca se debe ignorar, lejos de ello, aquilatar su esfuerzo y valorarlo dando el reconocimiento merecido.

Habíamos llegado a Río Bravo en 1956 y ya teníamos 10 años. Teníamos amigos, compadres, y como la población en ese tiempo acaso llegaba a 30,000 habitantes, nos veíamos todos en cada celebración o tertulia, nos citábamos para sesionar con clubes de las ciudades fronterizas en los EE.UU., o sea, nuestra vida estaba bastante completa y divertida además de que ya había nacido nuestra única hija, con toda la gracia, llena de vida como todo bebé sano y parecía que seguiríamos y nos desarrollaríamos en esa comunidad, sin embargo, el pueblo no me satisfacía como para que mi familia creciera allí

Quisiera poder describir las bondades que entrañan la vida en un conglomerado pequeño, lejos de una megalópolis, donde tantas personas se desempeñan, pero para ello se requeriría que las mariposas de la fantasía revolotearan en mi mente pero es difícil para quien ha centrado su actividad en la industria de la construcción y la agricultura. El 80% de los agricultores no tenían instrucción profesional, igual que yo, tal vez por eso los entendía tan bien. Un viejo ejidatario me decía: Me gusta tratar contigo porque eres muy clarito, y nunca nos enredamos y siempre vas al grano. Y al grano iba también con los mas cultos, y puedo decir que muy cultos algunos pero controversiales, tenía que enfrentarlos, sin embargo, podía solucionar los problemas.

Hubo un caso en el que una persona, estando fuera de horas de oficina trató de sacar del recinto sin pago previo, una máquina grande. Cuando se le negó, estalló en santa cólera, arremetiendo contra el portón lanzando improperios y amenazando que yo tendría que pagársela. Era tarde cuando me informaron lo ocurrido, y al día siguiente que era domingo, llegó a mi domicilio, por lo que le dije a mi esposa: Suceda lo que suceda, por ningún motivo salgas. Salí a enfrentar al bravucón pero cambió totalmente su actitud cuando me acerqué, saludándome y pidiendo disculpas por lo acontecido. El hombre había reconocido su error. Gajes del oficio, me dije para mí.

Surgió una oportunidad para cambiarnos a Matamoros con el mismo grupo empresarial y nos decidimos a movernos y me iría yo primero, buscaría casa y cuando los niños terminaran su ciclo escolar, todos se trasladarían.

Me despedí de mi club enternecidamente vendí mi casa y empecé a viajar a Matamoros como gerente de la empresa de maquinaria pesada y poco tiempo después estábamos instalados.

CAPÍTULO 9

UNA HISTORIA ROMANTICA

SIEMPRE HAY UN POCO DE LOCURA EN EL AMOR, PERO SIEMPRE HAY UN POCO DE RAZON EN LA LOCURA.
Friedrich Nietzche

En la sexta década del siglo pasado, el sistema telefónico había permanecido casi igual que en sus inicios, o sea, la conexión de las líneas particulares se hacían mediante operadoras que manualmente conectaban una con otra, y había manera de reclamar si existiese alguna queja, o intercambiar comentarios favorables si así era el caso. Un día la operadora me pidió el número a donde quería llamar lo cuál hizo pero antes me preguntó:¿Usted es el Sr. González? Si, le contesté, ¿Cómo lo sabe? Bueno, contestó ella, viene su foto en el periódico de hoy y aparece su teléfono y en mi tablero.

Sucedía que los reporteros entrevistaban a los viajeros aéreos y por mi trabajo viajaba a menudo y ella había visto el periódico esa mañana. Le hice algún comentario sobre ello y me hizo la conexión, pero su voz era muy agradable con una tonalidad muy especial. Otro día contestó ella de nuevo y al reconocerla, la saludé y conversamos antes de que me conectara. Se llamaba Iristela y en adelante me atendía ella, yo no sabía que le había interesado mi charla tanto que estaba atenta a captar mi línea cuando la veía en el tablero de control.

Lo que parecía una plática banal se fue tornando mas personal, si se quiere, mas íntima, su cálida y juvenil voz se estaba grabando en mi mente hasta tal grado que decidí conocerla personalmente y una tarde le propuse verla al salir de su trabajo y al aceptar, para que me identificara, observara una camioneta x lo cual hizo y caminó hacia mi.

Nos dirigimos a tomar café y la contemplé. Era muy linda y muy joven, 18 años de edad, y según me dijo había terminado con su novio y me preguntó por mí, mi trabajo, pero no mi estado civil aunque ya lo intuía. Terminamos la charla y la dejé en su casa y me dejó con una maraña de pensamientos. ¿Qué íbamos a ser aunque tanto nos interesábamos uno y otro si nuestra diferencia de edades era de 20 años? Y sin embargo, algo nos estaba atando cada día más.

Las conversaciones cada vez eran mas frecuentes, sentía que la amaba, pero . . . en mi fuero interno me resistía a esta tentación. Una noche me regaló un disco grabado con una pieza musical popular en ese tiempo llamada La sombra de tu sonrisa. Posiblemente ella sentía el desasosiego que sentía, la turbulencia de sensaciones que experimentaba y el cúmulo de pensamientos que se agolpaban en mi mente

Una noche, nos quedamos sin hablar un momento, cuando intempestivamente ella tomó mi mano, la besó y me dijo: ¡Llévame a donde tu quieras!

Un cumulo de emociones me asaltaron. Tuve que echar mano de todo raciocinio y rastro de nobleza para decidir mi actitud frente a ella porque podría perjudicala seriamente en su vida futura. Al final, hablé: Iris no puedo seguir adelante con esta relación en la que me he dejado seducir por tu personalidad tan fragante, tan bella, tan llena de vida, pero estoy seguro de hacerte sufrir después y no quiero hacerlo. Por egoísmo, no te hablé nunca de mi familia, mi esposa y cuatro hijos. Lamento no habértelo dicho antes. Recibirás una carta sobre mi idea sobre nosotros y perdóname.

Empezó a llorar quedamente diciéndome: ¡Mentiroso! ¡Porqué te casaste!

Lo siento, Iris, siento haberte lastimado, cuando me casé, tenías solo 6 años, tenemos diferencias fuertes, en mi carta te lo explicaré mejor y tal vez comprendas la forma en que yo pienso para evitarte un mal mayor. La dejé en su casa esa noche.

Cuando uno escribe sobre sí mismo, es como vivir dos veces y como alguien dijo, reexaminar los momentos pasados, las motivaciones pasadas, a través de la lente de los subsecuentes eventos y las lecciones que uno aprende de ellos, es el poder que nos va confiriendo la experiencia. De Iris, la experiencia que me dejó fue que el engaño no debe ser el conducto para dañar a una persona, no solo en el campo emocional sino en otro cualquiera. La memoria es un campo entre los sueños que cruzamos una y otra vez y el recuerdo de aquella muchacha se presenta como un recuerdo vivido intensamente y con alguna frecuencia, ambos experimentamos la atracción humana y el amor que se manifestaba pero debe uno anteponer la nobleza y pensar antes que actuar.

El día siguiente redacté una carta para ella en estos términos:

He tenido contigo una experiencia que me ha dejado una conciencia especial de esas que hacen cambiar percepciones y proporciones. Algo que empezó tan simple, llegó a ser de tal magnitud que me obliga a tomar en cuenta el cariño que nos manifestamos por un lado, por otro, mi responsabilidad como jefe de familia, y tu futuro, pues tienes a tus 18 años, toda tu vida por delante.

Puedo prever que en poco tiempo, encontrarás el hombre que será el adecuado para ti y tu agradable carácter y que entonces, vestida de blanco y flores de azahar, entrarás del brazo de tu padre, por la puerta grande de la iglesia, y después, puedo verte formando parte de una familia feliz.

A mí intégrame en la cauda de tus recuerdos que irás tejiendo, como un agradable encuentro aunque doloroso, pero precisamente así se tejen los recuerdos. Que seas muy feliz siempre.

Carlos.

Ella, cuando recibió la misiva, me llamó telefónicamente sin recriminaciones. Creo que comprendió que mis puntos de vista eran aceptables y poco después recibí una poesía muy bonita que ahora no recuerdo en su totalidad y que mostraba su valor como poetisa, pero sí recuerdo su última cuarteta:

No sé si fue el fulgor de tu mirada
O sentir el latir de tu pasión
O si solo fueron tus palabras
Lo que encendió mi corazón

Ella se casó un año después con un ingeniero y tuvieron 3 hijas. Eso lo supe años después cuando casualmente la ví y me confesó :Me trataste con mucha caballerosidad, nunca lo olvidé. Gracias.

CAPÍTULO 10

COATZACOALCOS

UN BARCO NO DEBERIA NAVEGAR CON UNA SOLA
ANCLA, NI LA VIDA CON UNA SOLA ESPERANZA
Epicteto

Cuando un empleado ha acumulado cierta cantidad de años en una empresa, y tiene cierta edad, llega a sufrir un problema psicológico llamado empleomanía, que básicamente es el temor de que al retirarse o ser desempleado, no tendrá la capacidad de emplearse en otra parte, por tal motivo el empleador, en muchas ocasiones, abusará de este temor y el empleado siempre aceptará condiciones que quedan fuera de la regla. Yo tenía 22 años en la empresa y decidí buscar otros horizontes para ponerme a prueba, llegando la oportunidad con otra empresa en Coatzacoalcos un puerto en el sureste de México, que era llamado la llave del sureste, por lo que presente mi dimisión.

Esta no fue aceptada, se me hicieron ofertas que no me interesaron, y fue entonces que el director intervino porque era amigo del que ofrecía el puesto, así que una noche me llamó a mi casa diciéndome: Carlos hablé con el dueño de la empresa que le ofrece el puesto, y me dice que ya no lo tiene, por lo que le aconsejo quedarse con nosotros. Pero no me hizo una contrapropuesta, por lo que, disgustado por su acción, le dije que de todas maneras me retiraba, y él finalmente lo aceptó.

Le envié una carta de terminación que es esta:

Estimado Sr. Odriozola:

Con esta fecha me estoy retirando de la empresa para tomar lo que parece ser una mejor oportunidad. Hoy hacen exactamente 21 años y 9 meses desde que me uní a la empresa y desde entonces, he actuado con toda lealtad, honestidad, y dando lo mejor de mí mismo. Echando una mirada retrospectiva, creo que mi desempeño fue el que se esperaba de mí y si de esta suerte he colaborado al engrandecimiento de la empresa, será motivo de legítimo orgullo.

En este negocio me formé y viví mis mejores años y considero que en lo personal le soy deudor de grandes enseñanzas y valores intangibles que en la vida siempre son útiles. He pasado mas de la mitad de mi vida en él junto a un esforzado grupo de personas y la experiencia me dice que un empleado mucho espera de la palabra de su jefe en la tierra y de Dios en el cielo, y por ello quiero darle un consejo, por modesto que sea, y que se refiere precisamente al estímulo, la palabra de aliento, la palmada en la espalda que brinda el reconocimiento del jefe para sus subalternos, que no cuesta y sinembargo tiene tantas repercusiones en cuanto a la productividad y lealtad.

Le agradezco todas las deferencias que tuvo para mí durante estos años y me despido de Usted muy afectuosamente.

La carta fue puesta en las manos de los colaboradores mas cercanos del director quienes dictaminaron que mis palabras eran ofensivas para el señor, por lo cuál él canceló la cantidad que me hubiera entregado como retiro. 4 años después, el Gerente General que me había despedido hacía mucho tiempo, fue despedido a su vez y su condición económica se había deteriorado bastante, por lo cuál me sentí impelido a pedir al Director que de alguna manera le diera algún puesto que con su amplia experiencia lo pudiera desempeñar y solucionara las apremiantes necesidades que cruzaba.

El señor me explico que había tenido fuertes diferencias con él y que por diversas razones no lo podía tener según explicó, y acto seguido me dijo, pero Usted si véngase conmigo y aunque me envió una carta al retirarse, quiero decirle que no soy rencoroso, y abrió el cajón de su escritorio diciendo: y aquí la tengo, sacándola y mostrándomela. ¡Cuatro años y la conservaba! Ello quería decir que la tomó muy en cuenta pues la tenia a la mano para releerla y espero, para no olvidarse nunca de la conducta debida para con sus empleados tomando el consejo que le dí en ella.

La familia llegó a Coatzacoalcos y algo inusitado para los chicos fue el movimiento de barcos que se desplazaban por el río hacia el puerto y subir a los barcos atracados resultó una diversión para ellos, disfrutar del mar, la gran cantidad de dunas, en las que está construida la ciudad con un trazo muy bien hecho. El nombre proviene de Quetzalcoatl porque la historia antigua relata que este personaje llegó al lugar huyendo de Huemac quien llegó cuando aquél se había marchado.

Históricamente, en el año de 1881 llegó al lugar un inglés llamado George Ting comprando 1,045,618.53 mts. Tiempo después llegó una constructora S. Pearson and Sons, comisionando al Ing. Alcides Droumont en 1889 para elaborar el plano de la ciudad siendo las manzanas de 65 X 90 mts. y algunas quedaron de 150 mts. de largo y las avenidas son de doble circulación con camellón arbolado al medio quedando un diseño muy bien planeado que habla muy bien de la visión futurista de los constructores.

El sureste es el trópico en todo su esplendor captando el 33% de todo el agua del país, el verdegueante panorama que se vé desde el aire impresiona como lo hacen los ríos Usumacinta y Grijalva que desembocan en el Golfo. La Chontalpa era para todo propósito, una selva con árboles de 50 a 90mts. de altura que era el habitat de monos, jaguares y otras especies, que desaparecieron a medida que el hombre ha incursionado en su medio. Al llegar encontré la entrega de 10 tractores de 400 HP que serían los encargados de destruir la selva y pronto me dí cuenta de que no era el equipo adecuado para el trabajo porque el terreno se destinaría a la labranza por lo que debe dejarse la tierra de tal calidad que pueda trabajarse.

Me explicaré. Los tractores estaban equipados con una cuchilla frontal para cortar los árboles a ras del suelo lo que haría que los tocones y raíces quedaban enterrados y había árboles de 3 y 6 mts. de diámetro. El falso concepto del técnico de escritorio era que los troncos se pudrirían y luego ya no serían problema, pero no se sabía cuantos años tomaría ese proceso. Cualquier desmontador que se precie, sabe que para derribar un árbol para agricultura, debe aplicar la potencia lo más alto que se pueda para que el propio peso del árbol exhiba fuera las raíces, y si es demasiado alto, debe utilizarse otro sistema.

El resultado se vió pronto en la cantidad de aperos de labranza que se convertía en chatarra lo que ameritó su reposición y costo respectivo amén de que no toda la tierra se podía trabajar. Todo ello dejaba a las claras que la compra había sido manipulada.

Mi gran problema no consistía en el plano laboral sino educativo. Mis hijos asistían a las escuelas me encontré algo que me parecía increíble: el lenguaje procaz de gran cantidad de profesores veracruzanos y algo peor, había individuos que tomaban bebidas embriagantes en clase. Me quejé con la sociedad de padres, con el director de la escuela, y todos aceptaban aquello con tal naturalidad que sorprendía. Cuando les hablaba de expulsarlos, decían que nada podían hacer porque el sindicato lo impedía. El SNTE era omnipotente como lo es hasta nuestros días y tanto ha perjudicado a la educación mexicana, y por lo tanto, debía retornar al norte si quería educar a mis hijos con otra mentalidad.

Hablaba a menudo con Alex Arens y Case Wortsberg, alemanes que a base de esfuerzo lograron ascender en el plano económico, quienes me comentaban: Ustedes en el norte tienen otra mentalidad distinta a la gente de aquí. Hablaban de mentalidad, y la calidad de la persona depende mucho del medio en que se desenvuelva pero mas que todo, el ambiente hogareño en que el niño se encuentra seguido de su medio escolar, pero poco puede hacerse si el común de las personas son incultas y dadas a incoherencias y majaderías. Famosos son los alvaradeños por eso, y todos casi sin excepción hacemos lo mismo cuando nos enojamos, pero en determinados lugares y circunstancias, no ante niños y niñas en el salón de clase y menos maldecirlos groseramente. Eso es execrable.

CAPÍTULO 11

SERVIR A LOS DEMAS

El futuro no está en muestras manos.
No ejercemos poder sobre él. Solo nos queda actuar aquí y ahora.
Teresa de Calcuta.

Hay que entender el mundo tal cual es porque a veces los escenarios que vemos pudieran darnos una falsa ilusión, y debemos ver las cosas como son incluso nosotros mismos, viéndolo todo con optimismo para ver al mundo como esperamos que sea.

El hombre y la mujer sabios son soñadores y de acción, idealistas y realistas a la vez o visionarios con los pies firmes en la tierra. Tener sabiduría significa entender el mundo como realmente es, con cierto grado de objetividad pero no dejarse influenciar por situaciones reales como son sino ver lo que debe ser. Tener una visión teórica de las cosas para que funcionen mejor como debieran y ser imparciales y hasta indiferentes, si queremos, mas no distante, de la normal condición humana.

Pocos tenemos una actitud desprendida especialmente cuando hay que tomar un interés personal por auxiliar a otros y acercarnos a ellos. Se requiere tener sentimientos personales hacia los demás. Esa actitud para con otros queda a un mero paso de la devoción porque involucra dedicarse a algo mas allá de los confines humanos por sentimientos

muy elevados. Cuidar-con amor-es lo que puede definirse a este estado
y tiene un algo de milagroso porque los esfuerzos propios pueden
trascender, un principio grandioso que puede beneficiar a algunas o
muchas personas. El ejemplo máximo lo tenemos en la madre Teresa
de Calcuta, toda entrega y abnegación. La madre antes de iniciar su
gran obra veía personas tan bajas en la escala social que eran todavía
mas abajo de la pobreza, abandonadas en las calles de Calcuta para
ayudarlas dentro de su propia pobreza. Se dice que una persona de la
realeza europea la encontró ocupada limpiando las llagas purulentas
de un leproso. Cuando terminó le dijo: Yo no podría hacer eso ni
por un millón de dólares. La madre, con un guiño cómplice le dijo:
Yo tampoco. Y le explicó: lo hago por amor.

La piedad y la compasión son inherentes a todos los hombres
y nos correlacionamos mediante esas cualidades. Cierta ocasión
viajando en camioneta por una brecha polvorienta bajo un sol
abrasador, encontré a una mujer caminando llevando en brazos a un
niño envuelto en una sábana. Le ofrecí llevarla porque iba al pueblo
mientras me decía que el niño estaba muy enfermo y no sabía que
hacer porque no tenía dinero. En el pueblo llegué con el primer
médico que encontré y después de auscultar al enfermo escribió
una receta y cuando le pregunté por sus honorarios, me dijo: Si
usted está ayudando a esta señora, lo menos que yo puedo hacer es
no cobrarle. Le dí la mano y fui a atender a la señora para darle las
medicinas y alojarla.

Cuando uno pide para otros, siempre otros le dan. Mi hijo
Ricardo una navidad solicitó ropa usada para repartirla en colonias
muy pobres. La respuesta fue que mi casa se llenó de ropa. Miles de
personas lo hacen diariamente.

Los clubes de servicio siempre están colaborando. El mío le
entregó al padre Infante, un sacerdote que mantenía un comedor
gratuito para menesterosos, todo un equipo para su cocina. Otro
sacerdote con un servicio similar me comentaba: A veces son las
10 de la mañana y no tenemos que cocinar, pero siempre llega el
alimento que Dios nos provee.

San Pablo en las sonoras palabras de su carta a los Corintios Capítulo 13-1 dice que la caridad es mas grande que la fé y la esperanza. En sus comentarios habla mayormente de caridad con amor que pone de lado todo nimio interés personal. Las palabras de San Pablo que dice: Y ahora acatamos la Fé, la esperanza y la caridad, pero la mas grande de ellas es caridad con amor y donde no hay caridad, la sabiduría no existe. En el Eclesiastés leemos: Si no tengo amor, mis obras son campanas que no tañen. Si no hay ese amoroso cuidado tenemos que deshacernos del lastre que las experiencias de la vida nos dejan, su cinismo, y las tristes realidades que las peores debilidades humanas engendran. Esta preocupación por los demás es vista por otros como una virtud teórica y como tal, irrealizable, Pero afortunadamente ya han existido y existen hombres y mujeres antes que nosotros han tratado de indicar el rumbo. Percy Shelley en Imaginación Moral, escribió:

El gran secreto de la moral es el amor y el gran instrumento de la buena moral es la imaginación.

El ponernos en el lugar de otros o de muchos otros es un camino interesante. Actualmente le llamamos Empatía que significa identificarse con otras personas y se dice de alguien a quien le gusta la gente y que con facilidad entra en contacto con otros, significa pues, imaginar, no solo ver el mundo sino verlo a través de los ojos de otros y ver nosotros mismos su camino, y vernos reflejados allí. Para ser sabio, uno primero tiene que ser bueno, decía Nietzsche: El aumento de la sabiduría puede medirse exactamente por la disminución del mal carácter. El mal carácter, agresividad, tratar de ganar a toda costa, son barreras a la sabiduría. Puede uno decir que un hombre iracundo, rara vez piensa bien las cosas y llega a cometer aberraciones que lo lastimen a él mismo. Y aumentan la resistencia a la persuasión juiciosa, tan importante si el buen juicio debe prevalecer.

Hay individuos que sorprenden la buena fé de las personas y les causan problemas, pero gente así, llevan en su rostro una mácula que no se puede borrar fácilmente. Cuando a Lincoln le presentaron a una persona para cubrir una vacante, él dijo que no le gustaba su cara a lo que el otro le respondió: El hombre no tiene la culpa de su cara. Entonces dijo el presidente: Si lo es. Todo hombre de mas de 40 años es responsable de su cara. Además, la mirada de las personas dice mucho mas de lo que quieren decir. Edmund Burke solía decir: Hablas tan fuerte que no puedo escuchar lo que me dices. Debemos vivir viviendo las mejores expectativas de aquellos mas cerca de nosotros y por tales medios, madurar principiando a vivir con un propósito mas sano y mas acorde con las superiores enseñanzas de los que nos han heredado tantas historias de sacrificio.

CAPÍTULO 12

CLAROSCUROS EN LA POLITICA

EL POLITICO DEBE MORIR RICO EN BUENA FAMA Y DE BENEVOLENCIA QUE DE BIENES: Niccolo Mquiavelo

Históricamente nuestros países han sufrido determinado número de problemas que los han aquejado, generalmente por su sistema de gobierno, muchas veces por golpes de estado, y en nuestro hemisferio, en Latinoamérica, se define el problema con diáfana claridad.

En Argentina, el problema es económico por sus crisis recurrentes. En Brasil, el problema es social, con una pobreza enorme y favelas donde se genera no solo pobreza sino criminalidad y una desigualdad desproporcionada, aunque el gobierno de Lula atinadamente continuó los lineamientos establecidos por Enrique Cardozo el presidente anterior logrando rebajar sustancialmente la pobreza y en la actualidad está apuntando a un futuro promisorio

En México, tradicionalmente el problema ha sido político y marcadamente se definió desde que Lázaro Cárdenas tomó el poder, en una época de caudillos que buscaban eternizarse y conducir el país por siempre, idea muy difundida sobre todo en países atrasados o en desarrollo, pero dado que la revolución de donde venía el general fue contra una dictadura, era obvio que tal sistema de gobierno no podría instaurarse en Mexico so pena de enfrentarse con un levantamiento en su contra.

El mexicano es de armas tomar pero amante de la paz en general. John Reed, en Mexico Insurgente lo definía de esta manera: ¡ Estos mexicanos, tan buenos, generosos, esforzados desinteresados y tan decididos a buscar su libertad!. El mismo, quien para sus reportajes se unió a Pancho Villa en su peregrinaje por tren para atacar Torreón, donde esos mexicanos perdieron la vida 1500 de ellos mas los que perdieron los federales, y conoció muy de cerca al general que fue tan conocido internacionalmente por causa de él. La mayoría de las fotografías que existen de la revolución proceden de sus reportajes.

Cárdenas tenía una preparación incipiente, y cuando se llega a una posición de esa envergadura se encuentran tan fuera de lugar por su incultura que se apoyan en los que lo rodean para llegar mentalmente a un consenso y tomar el camino que tomarán en adelante. Y es lo que hizo el presidente.

Un prominente colaborador de Cárdenas era Vicente Lombardo Toledano un líder muy útil para congregar masas, asiduo visitante a la embajada Soviética, hoy Rusa, en el área de Tacuba siendo una célula comunista como tantos otros, y cierto día se congregaron varios junto con algunos políticos entre ellos, Manlio Fabio Altamirano y Basilio Badillo del partido, con Prokousky, ideólogo comunista quien les hablaba a la pregunta de cómo actuaría su país al expropiar México la industria petrolera:

Nacionalizar la industria, les traerá muchos beneficios y nosotros los apoyaremos, pero deben prepararse con un sindicato fuerte, organizar bien a la gente para que tengan la capacidad de tomar las riendas cuando la compañías abandonen el territorio y la industria no se colapse. Al sindicato deben seguirlo todos los de las industrias del país, pero ése es solo un frente, el otro es el rural y no es fácil. Deben organizarlo como lo hicimos nosotros mediante Koljoses, dejando la tierra fraccionada. No hubo latifundista ni terrateniente que se nos opusiera. A la gente el gobierno les da los insumos, recogemos las cosechas y liquida al campesino. Es una manera de control muy efectiva porque la tierra es del Kremlin, no se puede vender y de esta manera se mantiene el control de la masa de campesinos porque el que no quiere se le quita la tierra convirtiéndose en un paria, y posiblemente un delincuente. La gente siempre estará disponible para moverla a donde sea hasta para votar.

Tenemos votaciones aunque somos partido único al igual que ustedes, eso nos hace indestructibles y permanentes. En cuanto a la posibilidad de que surja otro partido, deben acabarlo, desde el principio, en la cuna, en la forma que sea necesario.

Otro muy importante es el sector popular y es donde la persecución de opositores se concentra, los intelectuales, en especial los escritores son los que se oponen a las nuevas disposiciones. Si piensan en un gobierno a largo plazo, deben modificar su sistema educacional, especialmente el religioso. Los alumnos deben recibir instrucción en la lucha de clases, la misión de los maestros es moldear la mente del niño de manera que desoiga la palabra de sus propios padres, que fije su mirada en el nuevo mundo que él va a contribuir a construir. El antiguo mundo de sus padres, quedará atrás para siempre. Si logran consolidar estos factores, su gobierno será eterno, como el nuestro.

Para hacer esto, tienen que hacer reformas en la ley para actuar dentro, hay que acabar con los explotadores, usen la fuerza y la violencia si es necesario si quieren hacer un gobierno socialista, si vacilan, el enemigo resucita. ¡ Los trabajadores son unos estúpidos! ¿Ustedes creen que hubieran iniciado la revolución? Necesitan la dirección del Partido, nosotros conocemos las leyes del socialismo, las leyes de la revolución, los misterios del desarrollo de la sociedad. Las masas son ciegas e inestables, por eso se requiere estar con ellas y dirigirlas mediante un esquema de control político sin contemplaciones, El que estorba, liquídenlo para avanzar como se quiere.

El gobierno de Cardenas nacionalizó el petróleo y se aplicó en todos los frentes con el plano socialista. A las escuelas empezaron a llegar jóvenes maestros con las nuevas ideas socializantes destituyendo maestros que no comulgaban con la nueva ideología, y en las primarias de los 40 del siglo pasado, obligatoriamente se cantaba la Internacional, el himno socialista después del Himno nacional. Ese himno ajeno a nuestra idiosincracia hablaba solo de matar y destruir a todos los que no estaban de acuerdo a la ideología socio-comunista. La industria tuvo su auge de sindicatos y a los campos empezaron a llegar agraristas con la consigna de invadirlos. A mi pueblo llegó un indio yaqui llamado Yocupicio organizando invasiones respaldadas por el gobierno, organizó batallones armados con el propósito de intimidar a la población y hasta desfilaban en días patrios que lograban atemorizar a los pacíficos pueblerinos.

Esa intranquilidad se fue concretando en disgusto generalizado organizándose un grupo llamado Sinarquismo de ideología opuesta y tesonero cuyos partidarios empezaron a aparecer en los desfiles donde la policía los golpeaba y encarcelaba. No tenían libertad de expresarse. En el Bajío se fue aglutinando una oposición que finalmente fue reprimida sangrientamente y fue tal el disgusto ciudadano que el presidente culpó al partido por los desmanes y según él lo eliminó para organizar uno nuevo: El PRI, que todo mundo sabía, era el mismo con diferente máscara.

Se estaba gestando el partido antagónico, el Partido Acción Nacional de Manuel Gómez Morin quienes organizaron una convención en Monterrey en el Cinema Palacio que ya no existe, y allí surgió la voz de un joven apellidado Pérez, muy elocuente que encendió a su auditorio en tal forma que llamó la atención de dos testaferros infiltrados del gobernador. Una vez terminado el acto, Pérez se retiró caminando por la acera de la iglesia del Sagrado Corazón en la calle Zaragoza cuando se acercó un automóvil y lo acribilló matándolo instantáneamente. Cumplieron la sugerencia del ideólogo socialista: La oposición liquídenla en la cuna.

Ante ese estado de cosas, surgió un líder carismático personificado por el general Juan Andrew Almazán quien fue agrupando en su liderazgo a incontables personas de todo el país. Este era de Monterrey y fue ganando espacios, contendiendo contra el candidato Manuel Avila Camacho quién ganó por supuesto porque las elecciones eran controladas por el gobierno, pero la protesta no se dejó esperar. Mucha gente a lo largo del país, estaba decidida a una insurrección armada y llegó el desencanto cuando Andrew aceptó la derrota. Se cree que no quiso un derramamiento de sangre con la promesa de Avila de echar abajo las políticas de Cárdenas, y era muy posible porque lo primero que hizo en su gobierno fue declarar que era creyente.

Cárdenas era ateo y masón lo cuál sería en todo caso su respetable modo de pensar pero no podía instaurar una dictadura, lo cual no sería aceptable para un país que había combatido una, pero en el socialismo encontró el camino para llegar a la dictadura que no podía hacer en lo personal pero si políticamente a través del partido, respetando el derecho de las creencias religiosas. Dijo Castillo Pedraza: Solo donde se respeta esa dualidad política entre el poder político y el poder espiritual, puede haber libertad. La ideología tradicional de la izquierda funciona de lleno para enmascarar la realidad echando mano de lo que aún queda de sempiternos esquemas fracasados y vacíos; el socialista siempre habla de libertad para poner grilletes a la misma. La democracia es el régimen explícitamente fundada en la opinión, la confrontación de opiniones para llegar a una opinión común, o aceptar de consuno la opinión de la mayoría sin recriminaciones, esto es el oxígeno de la vida pública. Ese oxígeno faltó en lo que el Nobel Vargas Llosa tan bien denominó a nuestro gobierno como La dictadura Perfecta, una dictadura de Partido y quien años después comentara: Si los mexicanos eligen de nuevo a un gobierno del PRI, sería un masoquismo colectivo.

Decía Korotich: El odio y la democracia se contraponen. Las sociedades que educan con el odio, quieren tener esclavos y no ciudadanos libres. Si hacemos un minuto de silencio por cada uno de los 40 millones de muertos bajo el régimen socialista ruso, estaríamos 73 años en silencio, eso fue lo que duró el régimen. Soviético. Y mas o menos eso fue lo que duró el PRI, lo cual significa, que un pueblo para deshacerse de un régimen de oprobio, tarda dos generaciones para conseguir la libertad, pero el peligro para los pueblos es que la democracia tiene una debilidad estacional. Un individuo carismático esconde sus verdaderas intenciones que revelará cuando esté en el poder y luego desempeñar sus funciones aparentemente para servir al pueblo pero en realidad para debilitarlo y coartar su libertad. Muchos ejemplos existen hoy día.

El prócer de la nacionalización del petróleo metió mano de inmediato a la escarcela de Pemex mediante la entrega de $0.50 por barril extraído para gastos que hacía discrecionalmente. Ya en la época de Miguel Alemán este pago había aumentado a $1.00 pagos que se mantuvieron hasta que decidieron cancelarla por ser una descarada prebenda, entregando en cambio al presidente en turno una cantidad nunca revelada sin dar cuentas a nadie hasta que el régimen de Fox, la dio por terminada.

Pero la sombra de Cárdenas ha quedado como un estigma en el campo mexicano que ha marcado a innumerables campesinos como menesterosos dependientes de la mano del estado porque el reparto agrario se extendió por 62 años y se repartieron mas de 100 millones de hectáreas o sea el 52 % de toda la tierra cultivable y existen 4.1 millones de ejidatarios repartidos en 28,662 ejidos y 2,393 comunidades. El mayor reparto lo hizo Gustavo Díaz Ordaz—1964-1970-cuando el ejido empezó a mostrar señales de crisis pero nunca hicieron énfasis en las inversiones para hacerlo productivo. Los Estados Unidos o Japón tienen en sus campos agrícolas solo el 3% de su población y hasta exportan sus cosechas porque no tienen parcelas de 5 hectáreas como las de miles de ejidatarios, sino extensiones de 2000 hectáreas totalmente mecanizadas lo que las hace eficientes y productivas. Claro que los votos son pocos pero muchos los beneficios para el pueblo.

Salinas en 1992, por fin, aprueba una modificación al artículo 27 de la constitución para modernizarlo con la venta o renta del ejido a otros miembros o terceros y se legalizó el llamado dominio pleno que permite vender parcelas libremente en el mercado, mas con la intención de permitir el crecimiento de las ciudades que liberarlos para operar. Además se le permitía garantizar créditos con la tierra, aunque los ejidatarios no están dispuestos a arriesgar su tierra y prefieren pedir créditos al gobierno, porque no es muy exigente con ellos y gana votos en áreas rurales. De 1950 a 1980 inundó al sector ejidal con subsidios, protección contra competencia, control de precios y distribución de insumos. Casi todo el agua, electricidad, fertilizante y crédito del ejidatario llegaban a tasas subsidiadas por el estado. Disminuyeron después pero algunas han continuado.

El problema es que el ejidatario ve en el crédito del gobierno un subsidio del estado y no como instrumento financiero que tiene el riesgo de perder la tierra si el productor no genera lo suficiente para pagarlo. Esto ha hecho a este sector como un irresponsable y exigente, porque siente que debe pagársele por ayudarle en las elecciones. El reparto de tierra debería haberse terminado en 1940 cuando había 1.6 millones de campesinos que tenían tierra de calidad que tenían la capacidad de crecer en forma normal, a diferencia del ejidatario actual contra el productor privado el que se juega sus bienes y se arriesga. Estos pequeños propietarios producen el 80% de la producción agrícola contra el 20% del ejido que mantenía su falta de productividad a pesar de todas las facilidades de que disponía, pero que los había convertido en hombres incapaces de mantener por sí solos el ritmo que tienen los demás del mismo sector agrícola.

Los gobiernos actuales que ya no han sido del PRI, a través del Congreso deben tender a soltar literalmente al ejido que no sea un apéndice y que su función se liberalice de tal suerte que ese sector crezca y los gobiernos de Fox y Calderón han sido muy proactivos en liberar al ejido. Un agricultor con un trozo de tierra no puede producir lo suficiente para él y su familia, entonces lo que procede es que se asocie, o venda para que se cultive una tierra de mayor extensión, que no esté tutelado por el gobierno y que el mercado tome su función. Importamos maíz de los grandes campos de EE.UU. y Canadá porque a mayor extensión los costos bajan. Hubo tiempo en el régimen de Adolfo López Mateos que pudimos exportar maíz pero nunca más pudimos hacerlo. Es necesario que haya la libertad en la agricultura y no se sujete a las condiciones de ningún partido y que el mismo congreso piense en lo mejor para el país y no con mentalidad partidista y electorera. Lo mismo sucede con Pemex, una industria que con toda la experiencia de generaciones, está atada por impuestos absurdos y bajo la populista sombra de Cárdenas que proyecta que el petróleo es nuestro y que lo mas probable es que lo guardemos per sécula en las profundidades de la tierra porque el Congreso, haciendo todas las reformas que ha hecho, sigue sin permitir que Pemex se asocie, que siga siendo un monopolio ignorante de la tecnología moderna e impedir que cuente con inversiones que lo pongan a la vanguardia mediante la experiencia de que dispone pero que económicamente no puede. Petrobrás puede ser nuestro ejemplo cuando en los 80s venía a asesorarse con nosotros y ahora ha avanzado en forma impresionante, gracias a sus reformas, racionales y económicas.

Otro lastre que nuestro país arrastra son los sindicatos especialmente el petrolero, el de educación, el de electricistas, y muchos más, que mas se dedican a ver a quien ayudan electoralmente para medrar aunque explotan al gobierno en forma despiadada sin ningún remordimiento. Aquí si debería actuarse hasta con violencia y pagar costos políticos, pero ningún político está dispuesto a sacrificarse. Cuándo podrá hacerlo la sociedad, es algo que queda sin respuesta. Lo que pase a nuestro país queda por resolverse en la oscuridad del futuro cercano, pero tiene que ser pronto porque la sociedad no esperará mucho.

CAPÍTULO 13

LA PROFESION DE VENTAS

Lo que haz de aprender a hacer
Es a enamorarte de lo que haces
Y luego vender ese amor.
Wayne W. Dyer

Posteriormente junto con otras personas formé una compañía como su director y como la falta de numerario era muy acentuada, inicié operaciones en mi propia casa. Cuando dejé la empresa, tenía su propio edificio, 7 sucursales en el noreste del país.

Eramos un distribuidor de maquinaria pesada para la construcción y los vendedores eran la savia del negocio y por lo tanto se les tomaba muy en cuenta sobre todo cuando laboraban y aquellos que no lo hacían eran despedidos, como todo mundo lo hace.

Desde siempre, todo mundo reconoce la habilidad del pueblo árabe para el comercio tal vez por su ascendencia Fenicia quienes se desplazaban a lo largo de los pueblos del Mediterráneo llevando y trayendo toda clase de mercaderías, y se sabe que los mejores vendedores de la antigüedad estaban en los mercados árabes y nuestra contraparte mexicana, los merolicos. Cuando la industria Norteamericana se expandió, nacieron los vendedores que podían amasar fortunas considerables y se estudiaron las posibles causas de la venta de los productos para descubrir las razones estableciéndose bases científicas para ofrecerlos con las mejores posibilidades para su venta.

Desde entonces se han publicado muy buenos libros especializados en el tema, aunque desde siempre los que hemos manejado vendedores sabemos que en primer lugar, hay mentes inclinadas a esa actividad en forma natural y otras no, o sea hay quienes nacen con facilidad para ello y otros que no pueden vender una paleta helada en el desierto ni un calentador en un igloo, y cuando encontramos casos de estos, se trata de entrenarlos debidamente para que obtengan resultados. La condición sine qua non para que un vendedor tenga éxito radica en que el individuo adopte una actitud mental positiva y no debería permitir que las influencias negativas exteriores le afecten y uno no puede tratar de vender con una actitud mental vaga y generalizada. Quien trata de convencer a alguien debe tener un propósito específico con una disposición mental adecuada. Miles de personas sufren desórdenes nerviosos mentales porque les falta la actitud mental apropiada para tener éxito, debe conservar su propia cordura y tener confianza en su propia capacidad, creer en su propia integridad y fe en su éxito final.

Integridad es la correcta actitud que un vendedor debe tener hacia los demás, hablar con verdad y sobre todo, como antes lo dijimos, que les agrade, que les guste la gente si quieren desarrollar todo su potencial en ventas y tiene que creer con sinceridad en su producto porque esto engendra entusiasmo, y con esta combinación, el poder de convencimiento multiplica su labor en ventas.

Tuve un caso con una grúa que en su momento estaba diseñada con una tecnología de última generación con una relación peso-levante que a la vez aunaba su ligereza a un buen incremento en su capacidad de izamiento. Uno de mis vendedores llegó muy desanimado porque su cliente acababa de cerrar operación con otra marca y no había manera de que cambiara de opinión. Decidí verlo, pero antes le pedí que llenara el formulario del pedido y salimos. Cuando llegamos con la persona, nos recibió con una mirada interrogante como diciendo ¿Qué diablos hacen aquí?. Yo lo conocía por lo que entré en materia en forma amistosa y lamentando que hubiese firmado por otra máquina cuando podía tener una superior por X y X características, y le presenté el formato. Cortésmente me dijo que yo estaba enterado de la operación que ya tenía concertada. Insistí en mis argumentos y le miraba directamente con la convicción de que creía firmemente que debería cambiar su posición y de nuevo le presenté el manuscrito rechazándolo de nuevo, diciéndome que ya tenía una promesa y además había adelantado dinero para garantizar la operación, por lo cual no podía tomar otra opción.

Pero en su mirada ví cierta vacilación, que se había movido de su posición original, entonces le dije seriamente: En la vida de los hombres, hay algún momento en que tenemos que rajarnos. Para usted, este es su momento porque la máquina que está adquiriendo ya tiene algún grado de obsolescencia. Usted no compra una grúa para 2 años, la compra para 10 o más y dentro de ese tiempo mi máquina todavía será moderna en todo sentido, y su valor se mantendrá bien. Y le puse enfrente el documento. ¡Lo firmó!

Pude hacerlo porque conocía mi producto y esto es fundamental para quien vende. Conocer el producto es esencial, y el intercambio de palabras también. Yo pude hablar de esa manera porque tenía cierta confianza con el cliente y conocía su cultura, de tal manera que pudo tolerar lo que le dije, pero existen otros casos en que no se toleran palabrotas y la plática debe llevarse en términos con cierto grado cultural, de otra manera el cliente rebaja conceptualmente al vendedor y no hay venta.

Para conocer productos, estuve en seminarios, convenciones, fábricas y escuelas. La industria reconoce que depende casi totalmente de los vendedores, por ello los entrenan lo mejor posible. En cierta fábrica en los EE.UU. asistí a un entrenamiento y cuando recibimos el diploma, el presidente nos dijo: Now, all of you, are Experts. Su plática versó sobre ventas y entre otras cosas, dijo que no concebía a la industria sin vendedores.

El conocimiento del producto y la habilidad personal, cambia la percepción del comprador. En cierta ocasión trataba de vender tractores de gran capacidad y de alto costo que por el mercado no estaban considerados como los primeros. Trataba de vender 2 unidades a una hacienda de 2000 hectáreas y la competencia, los No.1, estaba tras la operación. Supe que un socio era Agustín Legorreta, director de Banamex, el otro residía en Durango, y en uno de sus viajes, abordé a Legorreta, una personalidad que sin embargo accedió a perder su tiempo conmigo, le presenté mis pretensiones y siento que le agradó mi plática o mi personalidad o las dos porque son inseparables y me dijo que su socio era quien estaba a cargo de la compra, pero que en una plática con él se lo haría saber y me dio su teléfono.

Cuando le llamé, el socio me dijo sin ambages que prefería la otra marca pero que había contactado a su socio y que accedía a verme en su próximo viaje. Lo entrevisté y resultó ser una persona muy afable, pero no fácil de convencer a pesar de mis conocimientos de mi producto, porque él conocía muy bien el otro y además tenía máquinas de esa marca, así que iba a estar difícil, no obstante, seguí viéndolo algunas veces más sin decidir hasta que un día me llamó a mi casa que iba en su avión a su hacienda y de paso, lo viera en el aeropuerto en Monterrey.

Llegado el momento lo recogí y lo llevé a mi casa, y tomando café, me dijo: ¡ Carlos, convénzame porqué razones debo comprar esas máquinas que no conozco!

Nuevamente le mostré las bondades del equipo, costos, garantías, servicio y todo el arsenal de que disponía para tratar de derribar su muro de desconfianza, hasta que me dijo, en su tono de hombre de campo: Mire, le voy a comprar esas máquinas, ¡pero dígale a la fábrica que no las compro por ellas mismas, sino solamente por usted! Estaré mañana en la hacienda, lléveme los papeles para firmarlos.

Lo llevé al aeropuerto dándole las gracias. Al día siguiente firmó y me dió el cheque y al salir de la hacienda, entraba la plana completa del equipo de ventas de la competencia. Nos saludamos de lejos.

Este caso evidencía como la intervención del vendedor definió la compra, contra todos los augurios y condiciones prevalecientes en el mercado.

Son antiguas las siguientes reglas que el vendedor tiene que seguir si quiere tener éxito. Son las Ies:

IMAGINACION.-Desarrollar la mejor forma y color de su producto en cada presentación.

INGENIO.-Encontrar nuevos ángulos y enfoques.

INICIATIVA.-Arrancar temprano. Administrar su tiempo y sus actividades.

INDUSTRIOSIDAD.-Trabajar duro.

INTEGRIDAD.-Se debe ser derecho, serio, confiable y veraz.

Estos principios están bien probados por mí mismo y muchos y siguiéndolos se tiene éxito, no solo en las ventas, sino también en la dirección y en cualquier actividad humana.

CAPÍTULO 14

LAS DICTADURAS Y LOS LIBROS

Cuando se alza un poder ilegítimo,
para legitimarlo basta reconocerlo.
Anatole France

La historia nos ha enseñado como los dictadores han perseguido tenazmente a los intelectuales y considerado a los libros como sus enemigos jurados. El dictador siempre ha utilizado la plaza pública por horas arengando a la multitud para concientizarla y lo logra casi siempre utilizando la supresión y fomenta la racionalización de las pasiones que pueden ser utilizadas por él y su partido. El sector mas independiente y mas difícil de doblegar es el escritor, el intelectual y su enemigo es el libro.

Hitler privó de pensamiento independiente a 80 millones de personas. Soñaba despierto y escribió su libro Mi Lucha reproduciendo las nociones a medio cocinar de otras personas en sus elucubraciones filosóficas. Lo mas notable en él es la repetición de sus discursos eufóricos. Fue el mas grande demagogo de la historia según su biógrafo Alan Bullock. El lo dijo: Ser jefe es ser capaz de mover a las masas. Explotaba sistemáticamente los miedos, esperanzas secretas, angustias y las frustraciones de las masas, manipulando las fuerzas ocultas al igual que los peritos en publicidad. Un dictador en sus alocuciones se mantiene censurando o deformando los hechos y apelando no a la razón ni al interés de su auditorio sino a la pasión momentánea, a las fuerzas ocultas del imperialismo según él las vé y que se encuentran en las profundidades de todas las mentes humanas. Entre las masas, el instinto es supremo y del instinto surge la fé. Todas quieren la paz y la libertad, pero no tienen gran entusiasmo por las ideas, los sentimientos y la actividad que hacen factibles esos ideales Con los intelectuales no se puede hacer historia, no pueden ser utilizados como elementos del pueblo, reclaman pruebas, son críticos, se escandalizan con las incoherencias, descubren falsedades y falacias lógicas.

Hitler quemó públicamente los libros de Emil Ludwig y poco después, debido a su represión huyeron Thomas Mann el de La Montaña Mágica, Stefan Zweig, Aldous Huxley y otros. De la dictadura Comunista, fue Lenin, con la ideología de Marx y Engels, quién con masas disciplinadas asesinó al Zar Nicolás y su familia logrando instaurar su dictadura siendo la más sangrienta de la historia suprimiendo a sus detractores sin misericordia.

Por la persecución sistemática, los miembros de las élites intelectuales y los escritores bajo el yugo del Kremlin, de la China Maoísta, la Cuba de Castro, del régimen militar de Myanmar, esta élite, junto con los directores de las Universidades e infinidad de librepensadores que carecen de heroísmo, huían de la dictadura Los jóvenes universitarios si lo tienen y el ejemplo lo dieron en la Plaza de Tianamen en China, por lo cual fue condenado a 11 años de prisión Liu Xiaobo el Premio Nobel de la paz 2010. Muchos años antes, Alejandro Sholzenitsin con su Archipiélago Gulag puso al dictador en jaque, estando en la Siberia purgando la prisión. Su libro fue impreso en occidente y tuvo un éxito sin precedente, fue premiado al igual que Boris Pasternak por su libro Doctor Zhivago, con el Nobel de la paz. Muchos en el gobierno aullaron como lobos y en cambio, fueron devorados. El dictador decidió que lo mejor era expulsarlos del país. Los libros han decidido la suerte de las dictaduras y los hombres. Pero también los jóvenes han sido reclutados por ideologías disolventes como fuerza de choque tal como sucedió en 1966 en México cuando células comunistas trataron de desestabilizar al gobierno de Díaz Ordaz durante las olimpíadas que se inauguraban el 12 de octubre de 1968, y antes, el 2 de octubre durante la balacera en Tlaltelolco, donde los estudiantes azuzados por líderes comunistas se enfrentaron con el ejército muriendo varios cientos de ellos de la UNAM. Se ha tratado de enjuiciar a Luis Echeverria a la sazón secretario de gobernación sin conseguirlo.

Mucha tinta se ha vertido en muchísimos libros vilipendiando al gobierno de ese entonces, los socialistas se desgarraron las vestiduras por la masacre y pocos buscaron otros ángulos al hecho. El presidente Díaz Ordaz en Guadalajara algunos días después, asumió su responsabilidad del suceso y ante la multitud congregada ofreció su mano levantada en actitud de concordia. Su mano fue estrechada por la iniciativa privada del país en un acto de solidaridad por un hecho donde dolorosamente perdieron su vida varios cientos de jóvenes, pero era lo mejor para el país porque claramente se veía la mano del comunismo soviético en un momento crítico por la próxima celebración de las olimpíadas que de suspenderse, el país resentiría perjuicios incalculables en la escena internacional. Todo estaba calculado para los agitadores que empujaron a los estudiantes dando por descontado que el gobierno no intervendría y después vendría una escalada mucho mayor que posiblemente desembocaría en una revuelta de resultados impredecibles.

Los gobiernos mexicanos han sido muy condescendientes con la vociferante izquierda porque los gobiernos del PRI proceden de esa tendencia tanto que Adolfo López Mateos proclamaba que su gobierno era de izquierda pero dentro de la constitución, entre otros. Las Universidades son caldos de cultivo para agitadores y hasta el momento la UNAM mantiene inexplicablemente un departamento de las FARC colombianas con el propósito de enganchar jóvenes exaltados donde algunos murieron cuando el ejército colombiano en terreno de Ecuador bombardeó el campamento, quedando herida Lucía Moret alumna de ese plantel.

¿Cómo hayamos tolerado a Castro tanto tiempo en Cuba? Un Castro que en la Sierra Maestra proclamó entregar tierra propia a los campesinos que tanto lo ayudaron para después entregar Cuba a la dictadura soviética y apropiarse de la tierra y todo lo que había. Los dictadores queman libros, matan escritores, encarcelan liberales y poetas y saben exactamente lo que hacen. El poder de los libros es incalculable e indeterminado, porque el mismo libro, la misma página, puede tener diferentes concepciones entre los lectores. Puede exaltar o envilecer, seducir o disgustar, apelar a la virtud o la barbarie, engrandecer la sensibilidad o banalizarla, Puede hacer ambas cosas, ninguna psicología puede predecir ni calcular su fuerza. Esa ideología comunista barrió al principio con las conciencias avanzando más rápido que el cristianismo en sus mejores momentos y sin embargo, la libertad de conciencia de los hombres se arraigó por la difusión literaria acabando finalmente con ella cuando Mikhail Gorvachev declaró su Glasnot y su Perestroika, presentándose en occidente y luego ante Juan Pablo II para decir: Les traigo la paz. Su siguiente acto fue liberar a Polonia, y retirar sus fuerzas de Alemania Occidental. Las leyes mueren, los libros no, dijo Richelieu.

Fidel Castro se decidió a combatir al dictador Batista, pero su historia fue muy sangrienta. Lázaro Cárdenas, socialista también lo ayudó con dinero de Pemex, compraron armas, se entrenaron en un rancho de Cárdenas, se compró el bote Granma y se internó en la sierra maestra. Buscando el apoyo campesino ofreciendo tierras. Su mejor oficial Camilo Cienfuegos murió en circunstancias oscuras, y su mejor oficial, Huber Matos, empezó a tener diferendos con él cuando al triunfo de la revolución le dijo que no pensaba en elecciones democráticas y que se convertiría en dictador con el apoyo soviético lo cuál fue rechazado por Matos, a quien sometió a juicio y encarceló por 20 años. Inició una cacería de posibles opositores y el paredón fue muy utilizado asesinando miles de cubanos. Otro de los compañeros era el Ché Guevara, un médico muy inteligente pero tuvo desavenencias y para deshacerse de él fue convencido de la aventura de Bolivia donde fue asesinado.

Castro se ha mantenido a pesar de los cambios en el mundo, nadie ha intervenido a pesar del sufrimiento del pueblo. Se han encarcelado numerosos opositores e intelectuales. Murió en una huelga de hambre el disidente Zapata y luego Fariñas hizo lo propio lográndose la excarcelación de numerosas personas. Para erradicar a Castro se necesita apoyo económico pero los EE.UU, esperan que el tiempo haga lo suyo. El dictador es bastante viejo y ha tenido enfermedades serias y no quieren que se haga de Castro un mártir lo cual traería una propaganda en contra de la propia Cuba.

Caído en la órbita de atracción de la dictadura, un individuo cree a pie juntillas lo que se le dice. El apoyo activo de Sartre al comunismo soviético lo siguió haciendo mucho después de la revelación de los campos de trabajo forzado o del salvajismo infligida a escritores e intelectuales de Rusia, China o Cuba que equivale al silencio que existía durante el nazismo. Hoy sucede también en las teocracias islámicas que emiten FATWAS contra los cristianos, los encarcelan y censuran libros, de hecho han destruido libros toda su existencia. Estos fundamentalistas en la antigüedad cuando conquistaron Alejandría, declararon a la hoguera a la legendaria Biblioteca diciendo: Si contiene el Corán, ya tenemos copias, si no, no vale la pena conservarla.

La biblia es por excelencia el libro que se ha extendido por la mayoría del orbe y es notorio que el nuevo Testamento se escribió por los cuatro evangelistas, las epístolas de Pablo de Tarso principalmente aunque Jesús no lo hizo. Lo mas probable es que al igual que Socrates eran iletrados pues nunca escribieron. De hecho el cristianismo nació de la palabra y las obras de Jesús y en ellas se proclamó. Fueron los padres de la Iglesia sus obras y los doctores, el genio literario de San Agustín y la filosofía acertadamente denominada Summa Teológica de Santo Tomas de Aquino en el siglo 11 los que le dieron prominencia a la Iglesia y su sentido filosófico

La censura, decía Borges, es la madre de la metáfora. También existe una censura pública que se muestra contra un segmento racial u otro grupo. Los Protocolos de los Sabios de Sion se compra en cualquier librería desde Japón hasta México y existen libelos, al igual que las declaraciones de Ahmadijah de Irán que niegan los campos de exterminio y el Holocausto donde murieron 6 millones de judíos a pesar de las dolorosas y contundentes pruebas exhibidas desde el fin de la guerra mundial. Es un hecho que el antisemitismo ha existido desde tiempo inmemorial contra el laborioso pueblo judío. Rodeado por millones de musulmanes y fundamentalistas islámicos, se defiende gracias al apoyo de los EE.UU., pero la espada de Damocles árabe pende sobre su cabeza.

Actualmente existen dictaduras en ciernes que están proyectándose sobre ciertos países latinoamericanos con el apoyo económico del venezolano Chavez, quien lleva en el poder 10 años y no parece intentar dejarlo en el corto plazo. Ha enderezado su ataque contra las televisoras y los diarios y pronto lo tendremos contra los libros mediante la censura como ya lo hizo con los periódicos. Los aspirantes, Correa de Ecuador, Morales de Bolivia y Daniel Ortega de Nicaragua tratan de perpetuarse en el gobierno como Castro de quienes son alumnos destacados. Todos estos han accedido al poder por la democracia donde una vez allí, se vuelven contra las reglas constitucionales de los países para reelegirse una y otra vez convirtiéndose en dictadores hasta que los pueblos se los sacuden sangrientamente. El caso de Argentina, con una presidenta del partido Justicialista y el de Brasil, con el presidente Lula y la nueva presidenta Dilma Rousef del Partido del Trabajo que manejan economías muy grandes, aunque proclives al socialismo, sus países no aceptarían con facilidad un cambio en su campo político sin repercusiones que nadie toleraría fuera de la libertad democrática. No es el tiempo y la ciudadanía no está madura para una dictadura.

El caso sonado de Pinochet que generalmente se considera degradante para muchos sectores, nació por la situación creada en Chile por Salvador Allende. Este obtuvo 35% de la votación escasamente mayor a los otros dos partidos pero no la mayoría para obtener la presidencia por lo que la izquierda empezó un movimiento de fuerza para promoverla. Los otros partidos contendientes aceptaron a condición de que no se cambiara la constitución y no nacionalizara la empresa privada entre otras cosas para evitar que cayera en una dictadura a lo que ya se sabía era muy proclive. Su gobierno fue desastroso en la economía y pronto tendría manifestaciones de cazuelas en su contra, la miseria era cada vez mas patente y el colmo, nacionalizó la industria del cobre haciéndose insostenible la situación al grado que el gral. Augusto Pinochet tomó las riendas, terminando con el suicidio de Allende. Chile tiene hoy la privilegiada condición económica de hoy gracias a la dictadura de Pinochet quien de inmediato llevó a un grupo de economistas de Chicago que fueron llamados los Chicago Boys para delinear un plan económico que se siguió en adelante hasta hoy. Los comunistas aguerridos nunca aceptaron y tuvo una guerra de la cual salió bien librado de muchos atentados. Llegaron luego gobiernos de izquierda que por poco lo hubieran encarcelado, pero en cuanto a su sistema económico, estos gobiernos siguieron con el clima prevaleciente en sus relaciones con la industria y el comercio y sigue Chile siendo el campeón latinoamericano en todos sentidos.

Por otro lado, Venezuela con Chávez es catalogada como la última entre las naciones de América, tiene grandes problemas con los servicios públicos, ha expropiado la industria petrolera, la del cemento, la del café, las comunicaciones, las grandes extensiones agrícolas, se ha incrementado la producción de drogas, ha comprado armas de tal manera que parece que se está preparando para una guerra y se sabe exactamente cual será su paradero final que será una dictadura y dejará el poder hasta que el pueblo se lo permita.

Se ha colocado como el pupilo excelso de Castro y lo que Castro no pudo hacer de los Andes su Sierra Maestra, trata de hacerlo Chávez a costos altísimos mediante los apoyos a candidatos que están dispuestos a erigirse en dictadores de llegar al poder y consolidar una unión de países socialistas. Esos costos van en detrimento del pueblo venezolano que debería estar en los picos de la luna sin el despilfarro de su dictador.

La democracia, dijo Churchill, es el peor sistema de gobierno excepto por los demás. Llevada en la mejor manera, el ciudadano tiene todas las oportunidades para su desarrollo personal, y su conducta regulada por leyes bien escritas. Pero los ocultos intereses de las personas que buscan el poder no los ve el ciudadano. Para acceder al poder, todo lo que se requiere es dinero y un candidato que aparenta tener sinceridad en sus palabras y acciones, que sea encantador, un animador que no aburra al pueblo porque vende su imagen, que no se concentre demasiado en un esfuerzo intelectual, que muestre con facilidad problemas en breves alocuciones. Los grandes problemas deben zanjarse a lo más en cinco minutos. Desde la tribuna, un buen orador de este tipo tiene problemas para decir la verdad y a veces se desbordan. Hubo uno que dijo: ¡Al diablo con las instituciones! Dejando claro que no es un hombre de leyes y que está dispuesto a cambiarlas según su particular ideología. Ese no es un demócrata. Al llegar al poder, estos candidatos cambian por completo y todo lo que habían ofrecido lo olvidan dedicándose exclusivamente a buscar cambios constitucionales para reelegirse indefinidamente y allí es cuando los pueblos inician un peregrinaje de sufrimientos.

Otras condicionantes existen para el buen desempeño de un candidato, y es un gran conglomerado para escucharlo. En México el candidato idóneo para la dictadura es López Obrador quien ya en la última candidatura tuvo un apoyo de Chávez de 2.5 millones de dólares según las informaciones pero se dice de otras entregas. Tiene a un tipo corrupto denunciado mediante un video llamado Bejarano encargado del acarreo. El mismo López fue un corrupto pero en tan alta escala que decretó siendo jefe de gobierno del Distrito Federal, que su congreso impidiera mediante una ley, pudiera ser auditado hasta dentro de 20 años.

Este sempiterno candidato a la presidencia, en su discurso, es el perfecto émulo de lo que decía Groucho Marx: Antes de hablar, tengo algo importante que decirles. Sabe que la elocuencia y la forma de expresarse tiene un gran valor para su aceptación por el auditorio, así que habla ininterrumpidamente, en frases cortas y ademanes enérgicos. Esta forma tiene la virtud de que el cerebro del oyente no tenga tiempo de reflexionar o repensar por lo que no digiere los conceptos que pasan someramente por su mente. Lo mismo se ve entre algunos líderes religiosos y también en los merolicos mexicanos y su común denominador es el entusiasmo porque el entusiasmo es contagioso. Ellos lo saben por eso no dan tregua a la mente del espectador, sino que la espolean y al fin, la controlan.

Cuando un líder espiritual actúa de esa manera, pone a sus seguidores en un estado de éxtasis, hasta tal punto que logran el objetivo espiritual que buscaban, independientemente de su conducta muchas veces equivocada desde el punto de vista religioso. En los 90s, la fama de Jim Baker, ministro religioso, era muy justificada, pues congregaba multitudes hasta de 10,000 personas bajo una gran carpa, en diversos países, para dirigirse a ellas.

La curación de la enfermedad se hace en diversas iglesias por la mediación del espíritu santo, el mismo que llegó a los apóstoles unos días después de la muerte de Cristo en forma de flama sobre sus cabezas, y en nuestros días mediante la oración ferviente y devota llevada hasta cierto nivel de elevación espiritual a la que puede llegar un gran grupo de fieles.

Baker sabía que no era un santo pero sus palabras, su entusiasmo, su expresión, su fuerza y su lenguaje corporal lograba lo que se proponía y su auditorio, lleno de euforia y buscando su redención, encontraba su curación. Posiblemente en problemas con otro ministro, lo denunció lleno de santa indignación por su adulterio. La iglesia lo despidió, pero poco tiempo después, él a su vez fue inculpado del mismo pecado, esta vez, con su secretaria siendo también despedido de la congregación. La Iglesia, reconsiderando la situación y tomando en cuenta la reconocida labor de Baker, buscó la manera de traerlo de nuevo y se montó un gran escenario donde el pecador de rodillas pidió perdón a su esposa, fue absuelto por la congregación a la que regresó y pronto estaba muy activo.

Este hombre, a pesar de su condición laboral, era bastante rico, según se supo porque tenía una mansión en Los Angeles muy costosa. Algo que puede dar una idea de su posición económica es el hecho de que tenía sus perreras climatizadas. Tiempo después, un reportero captó a Baker en San Francisco saliendo de un hotel con una prostituta mexicana.

Esto fue intolerable y los directivos entonces se decidieron a enjuiciarlo por un gran fraude que estaba cometiendo y fue castigado pasando varios años en la cárcel. Esto nos dice que la oración comunitaria aun cuando sea dirigida por un pecador, llega al espíritu santo siendo el grupo de gente llena de fervor y devoción así como la ferviente oración, el que logra su objetivo.

Esto confirma el estado anímico que un orador político busca lograr entre su auditorio para lograr una aceptación que les dé la mayoría para acceder a la presidencia de un país y todos aquellos aspirantes a la dictadura y propenden a una dictadura socialista — socialismo sigloXXI como lo llama Chávez— empieza apoderándose de los medios de producción para que el pueblo dependa económicamente de ellos. En su primera aplicación en Rusia tuvo tal avance que después de la guerra en occidente se sostuvo un verdadero choque con Rusia en Europa que no bien a bien se comprendían sus objetivos ni sus métodos, tanto que los EE.UU. formaron en 1959 un Comité de Actividades Antiamericanas un año después de que Kruschev publicara un libro llamado: A la Victoria por la Libre Competencia contra el Capitalismo. Este comité presentó al Congreso un informe de 400 páginas y 10 informes sobre casos específicos detallando la ideología verdadera del comunismo en sus dos aspectos, teórica y práctica informando allí que la conspiración comunista era de dominación mundial y llegaría a su meta en 16 años o sea, 1975. Sin embargo, la situación económica decidiría el rumbo del imperio.

Un país está formado por individuos con una mentalidad exclusiva. No hay dos que sean idénticos. Decía Henrik Ibsen: ¿Quiénes constituyen la mayoría de la población del mundo o de un país? ¿Son los pensadores o los tontos? Los estúpidos son una aplastante mayoría en el mundo. La mayoría tiene el poder de su lado-desafortunadamente; pero no tienen la razón . . . La minoría siempre tiene la razón.

Y las dictaduras, son muy buenas para mantenerse en el poder por la fuerza, pero no saben de industrias, de negocios, de ganar dinero en pocas palabras, de tal manera que paulatinamente pauperizan al pueblo hasta que finalmente los expulsa y empieza un nuevo ciclo de libertad hasta que en una nueva generación que no conoce la historia cae de nuevo en el mismo engaño y la demagogia.

En 1987 la Unión Soviética retiraría sus tropas de Afganistán por no poder sostenerlas por su economía quebrada por lo cuál Boris Yeltsin y Gorvashev decidieron que era tiempo de terminar con el experimento. Precisamente es a donde tienden estos gobernantes émulos de aquellos, no para bien de sus pueblos sino para sojuzgarlos.

El ser humano tiene alma, conciencia y espíritu y no se le puede atar. Tampoco somos iguales; Nuestras capacidades son diferentes en fortaleza, mentalmente, actitud y tendencias. En América Latina tenemos un gran riesgo de caer en una órbita de este tipo. Honduras logró desembarazarse del aspirante a dictador, Manuel Zelaya, y mucha actividad se desplegó para regresarlo al poder pero hubo un héroe como Micheleti que se sostuvo ante el embate de la OEA y la ONU, pero lograron deshacerse de él.

Por otro lado, Argentina con el gobierno de Cristina Krischner, aliado de Chávez, así como el de Brasil y aunque Colombia, Uruguay, Perú, Chile y México no son proclives a gobiernos de ese tipo, pueden caer, pero siempre habrá un Micheleti cuando el caso llegue, porque, como dijo Niccolo Machiavelli: Que peligroso es a la libertad un pueblo que prefiere la esclavitud.

CAPÍTULO 15

LA IGLESIA Y LA REFORMA

Tres cosas son necesarias para la salvación del hombre: saber lo que debe creer, saber lo que debe querer y saber lo que debe hacer.
Tomas de Aquino.

En general, salvo eruditos y eclesiásticos, no se conoce la Historia Sagrada que la iglesia conserva en diversos templos católicos en el mundo, y creo que debería conocerse más porque arroja mucha información de la historia del mundo de la era cristiana desde su punto de vista, que mucho tiempo fue el eje cultural y político del mundo occidental.

Precisamente por haber mantenido una hegemonía de tanto poder, tuvo enemigos tanto en lo religioso como en lo político. Constantino legalizó la religión cristiana en el año 380, ya se había iniciado en el 313 la construcción de una basílica sobre la tumba de San Pedro y mil años después fue escogida por el vaticano como asiento de la organización de la iglesia, cuya construcción empezaría en 1506 y duraría 150 años.

Empezaron las invasiones del Islam a mitad del siglo VII cuando se cumplió la predicción de que de Jerusalén no quedaría piedra sobre piedra cuando el califa Omar la tomó construyendo su mezquita que hasta hoy existe. Sucesores de Omar sometieron a la población a innumerables sufrimientos. Luego tomaron Alejandría y Antioquía a mitad del siglo VIII y la lucha en el Mediterráneo, fue escenario entre Cristianos y Mahometanos. Las batallas de Poitiers y Toulouse preservaron el catolicismo hasta que la misma Roma fue saqueada en 850 y Constantinopla asediada.

Pero la iglesia ya había sufrido el cisma por la iglesia Ortodoxa Griega en el Este preservado por el Imperio Bizantino que llegó parcialmente debido al conflicto sobre la autoridad Papal. Poco después la cuarta cruzada y el saqueo de Constantinopla por cruzados renegados, llevaron a una ruptura final.

En el siglo XVI llegó la era del Renacimiento llamada así por la historia porque florecieron las artes y las ciencias, y el gran promotor sería la Iglesia Católica porque se inició la construcción del Vaticano donde Rafael pintó El Parnaso y La escuela de Atenas, bajo el papado de Julio II. Se conoce una anécdota de esos días. Miguel Angel quien decoraba la Capilla Sixtina tenía que soportar la intransigencia del cardenal Biago de Cessena quien lo increpaba por pintar y realizar esculturas de desnudos, tomó desquite lo cual enfureció al cardenal quien fuera a demandar castigo para Miguel Angel ante Julio II hablando de esta manera:—¡Señor, Miguel Angel me pintó en la Sixtina!

¿Y donde lo pintó?

-¡En el juicio final, en el infierno!

-¡Pues de allí, ni yo tengo poder para sacarlo!, dice Julio II muy divertido.

Los Papas habían tenido que afrontar gastos muy elevados para la construcción del Vaticano, tanto que algunos emitieron monedas conmemorativas para su venta, pero mayormente tenían que apelar a los reyes y príncipes católicos para sufragar los costos de las cruzadas desde que Saladino tomó Jerusalén y los dignatarios europeos tomaban sus esfuerzos con desgano pues tomaban las colectas muchas veces para pagos distintos y no para las cruzadas, habiendo también abusos como el cometido en Francia con los judíos, los que mataron a Cristo, a quienes se les obligaba a pagar 5,000 marcos de plata haciéndolos aprehender en sus sinagogas. Se llamó el diezmo Saladino.

Los cruzados eran generalmente gente del pueblo que aunque se les condonaban deudas, no se les remuneraba adecuadamente y por ello había mucha deserción lo que no había en las filas mahometanas quienes eran sometidos y castigados ante cualquier falta. Llegó Mahomet II por el Danubio a tomar Belgrado en Hungría que se defendió con denuedo logrando que huyera, pero en otro lance tuvo Pío II que ponerse al frente de una flota de Nápoles a pesar de su avanzada edad porque ningún país quiso hacerlo para proteger la isla de Rodas, donde falleció.

El hecho de solicitar continuamente fondos para la guerra con los árabes, que en realidad era para proteger a Europa, pues España cayó en su poder donde estuvieron por 800 años, el papado cayó en descrédito y empezó el disgusto de Alemania, Inglaterra, Francia, principalmente y Enrique VIII de Inglaterra, tuvo una querella con el Sumo Pontífice por negarse a anular su matrimonio con Catarina de Aragón para contraer nuevas nupcias, lo cual ante los ojos de la iglesia era imposible.

Enrique VIII fue un rey perverso. Tuvo seis esposas y 10 amantes. Cuando no aceptó el papa anular su matrimonio, concibió convertirse en cabeza de la iglesia para satisfacer sus deseos y después de casarse con Ana Bolena, con cuya hermana Enrique tenía relaciones, por el solo hecho de no dar a luz a un niño, la acusó de infidelidad, y otros delitos igualmente falsos teniendo la muerte por decapitación. Igualmente decapitó a Katherine Howard acusándola en falso.

Aprovechó la coyuntura el rey que mas fue una intención política que teológica pero en su interior era por sadismo y lubricidad, por lo que cambió la ley para constituirse en monarca absoluto de la iglesia que en adelante se llamaría Anglicana. Entonces, empezando 1536 confiscó monasterios,—825—y confiscó las iglesias Cuando murió en 1547 había destruído o disueltos monasterios, conventos de monjas, y capillas.

Cuando Mary I muy joven, hija de Catalina de Aragón inició su reinado, trató de reunificar la iglesia con Roma, pero la corte y quienes podían hacerlo, la hicieron abdicar a favor de la otra hija del rey, Elizabeth I, quien evitó por ley que los católicos se organizaran, impidiéndoles cargos públicos, votar y educar a sus hijos. Los aterrorizó y mandó ejecutar miles de personas. En Irlanda también se ejecutaron órdenes penales y la persecución se siguió en los siguientes reinados.

Al igual que en Inglaterra, el emperador alemán también estaba disgustado con el Vaticano y buscaba como liberarse de la cuerda que lo ataba religiosamente de tal suerte que pocos años después tuvo la oportunidad cuando apareció Lutero.

Martín Lutero, alemán, una noche cuando regresaba de la universidad donde enseñaba, encontró una destructora tormenta, y aterrorizado rogó a Sta. Ana por escapar con vida y prometió convertirse en monje si así sucedía. Cumplió su promesa y se hizo Agustino. En 1512 ganó el grado de doctor en teología y sus convicciones empezaron a cambiar. Se dijo que Cristo no es el juez condenatorio de los pecados, sino el redentor en la cruz y que el hombre solo tiene que creer y aceptar de verdad que Dios lo ha hecho para ser perdonado por sus faltas.

Esta creencia la llamó: La doctrina por la Fe en 1516. Concluyó que el hombre depende para su salvación, de la gracia de Dios, por el sacrificio de la muerte de Cristo y que si nuestros actos están intencionados por alguna recompensa, son pecados condenables.

Fue protegido por Federico El Sabio de Sajonia y esta protección fue un factor para resquebrajar, siglos de desavenencias, su relación con la iglesia de Roma. Los fuertes partidos alemanes lo respaldaron. Lutero demandó que el papado se restaurara a la pobreza apostólica y la simplicidad, una demanda absurda dados los siglos de guerras de cruzadas contra los sarracenos, estas y la construcción del vaticano habían dejado las arcas vacías.

Una demanda mas de la naturaleza humana, mas radical y de índole personal, fue la que hizo el monje Lutero a Gregorio VII de la abolición del celibato que desde luego fue rechazada. Esto era en realidad por su interés en una monja del claustro donde enseñaba llamada Katherine Von Bora con quien finalmente se casó. Enunció también la doctrina de la transubstanciación descartando la transfomación del pan y el vino en el misterio de la consagración diciendo que solamente permanecen como –accidentes—y que todo lo que el ministro hace es abrir los ojos de los creyentes a Cristo donde está porque su presencia y la de Dios, aunque universal, no son universalmente obvios.

No creo que Lutero haya sido el único, sino muchos sacerdotes católicos los que ante la consagración del pan y el vino en el momento mas solemne de la Misa, duden de que realmente se trate de la sangre y la carne de Cristo porque lo que tienen en su mano es una simple oblea. Cristo, y se ha enseñado siempre en la historia, en su última cena dijo: Haced esto en conmemoración mía, ofreciendo el pan y el vino a sus discípulos y desde entonces la Iglesia lo ha rememorado diariamente. Pero existen casos increíbles como el ocurrido a un sacerdote en el siglo VII que siempre tenía la terrible duda y mientras consagraba pensando en el engaño que hacía a sus feligreses, ocurrió un día que al momento de la consagración, el cáliz se llenó de sangre apareciendo un pequeño y redondo trozo de carne.

Esto ocurrió en Lanciano, Italia. Se volvió hacia los asistentes sollozando y declarando su incredulidad ante un verdadero milagro y pidiendo perdón al Señor.

La reliquia existe hasta hoy 13 siglos después carne y sangre que han estado expuestas en un cáliz a la acción de los agentes biológicos y atmosféricos inexplicable científicamente. La sangre se dividió en cinco bolitas de varias formas y en 1991 ha sido examinada y analizada encontrando que se trata de sangre humana tipo AB la misma encontrada en el sudario de Turín. Muy inexplicable también, las bolitas pesan igual cada una de ellas, independiente de su forma. La carne es humana del miocardio del ventrículo izquierdo, el endocardio y el nervio vago. Para todos, Cristo está presente en este milagro eucarístico.

El 31 de octubre de 1995 ocurrió un milagro similar cuando Juan Pablo II dando la comunión a un grupo de monjas Coreanas pudiéndose constatar el hecho registrado en video que fue noticia en su momento. La monja objeto de este milagro se llama Julia, en Naju, siendo una persona muy especial que padece los estigmas de Cristo.

Lutero, murió en 1546 habiendo tenido 6 hijos.

La animosidad contra la Iglesia se debió al poder que concentró y que en cierto momento produjo actos de corrupción y otros reprobables en el ámbito político y controversias con algunos gobiernos entre los que tuvo influencia, por ello actuaron a veces contra ella, culpándola de soberbia, ocasionando la deserción de los fieles muy a pesar de los muchos, piadosos y humildes sacerdotes que no participaban de sus faltas. Grandes santos ha dado la iglesia en su recorrido de 2 milenios desde que Cristo ordenó a Pedro establecer su iglesia-y las puertas del infierno no prevalecerían contra ella-dijo. San Pío y San Francisco de Azis que padecieron los estigmas de Jesús por su santidad porque esas llagas solo las han tenido personas muy santas, fueron vidas de abnegación y sacrificio y entrega por los demás. El libertino Agustín quien en sus Confesiones declaraba: Señor, yo me divertía con las cosas que tu creaste, ¡y no me daba cuenta de que tu estabas enojado! perdóname! El Arzobispo de Hipona, en adelante fue un verdadero siervo del Señor y al final creó la orden de los Agustinos para obras de misericordia.

Pero también ha sido atacada injustamente. El arzobispo de Canterbury en Inglaterra, Thomas Becket tuvo choques con el rey por no acceder a todas sus liviandades hasta que lo mandó asesinar en 1170. Hoy es San Thomas de la Iglesia Católica al igual que en la Anglicana

Las iglesias escindidas del catolicismo tienen básicamente las mismas características puesto que basan sus creencias en la Biblia, con la diferencia de su organización y diversas diferencias de interpretación. Mencionando solo un ejemplo, en el Exodo 32-25 la Biblia dice textualmente: No te postrarás ante ningún otro dios, pues Yaveh se llama celoso, es Dios celoso, y en el segundo mandamiento dice: No te harás dioses de fundición. Las iglesias evangélicas eso interpretan que no se debe hacer ninguna imagen, en cambio, los católicos se refieren a aquella época en que Moisés recibió las tablas de la ley en que los pueblos adoraban diversos dioses como Osiris, Isis, Zarathustra, Júpiter, Zeus, Neptuno y el mismo Aarón, hermano de Moisés que fabricó el vellocino de oro para adorarlo cuando tardó Moisés en regresar del Sinaí. Allí los católicos ven una prohibición para hacer una figura para adorarla. Algunas acusaciones de que las imágenes en las iglesias católicas se adoran, son falacias pues solo se veneran.

Igualmente es el asunto de la confesión en la cual Lutero nunca creyó. Los católicos se remiten a Mateo 16, 19 cuando Cristo habla a Pedro acerca de los apóstoles: Todo lo que atares en la tierra, quedará atado en el cielo, y lo que desatares, quedará desatado en el cielo. En el Concilio de Letrán la iglesia declaraba: A nadie le son perdonados los pecados si al perdonárselos si no creyera que del sacerdote le son perdonados; muy al contrario, el pecado permanecería. La fé es un ingrediente imprescindible en toda la vida de los creyentes de todas las iglesias cristianas. Y yo diría, hasta de cualquier otra.

Debido precisamente a las ideas de Lutero, la iglesia convocó al Concilio de Trento ya que tuvo una gran repercusión y más todavía cuando los europeos se desplazaron a las Américas donde las iglesias evangélicas se arraigaron fuertemente

En los casos de la Iglesias Evangélicas, éstas han aglutinado en su seno grandes núcleos de homosexuales, partidarios del aborto, feministas que piensan que la iglesia debe incluir a las mujeres en el sacerdocio a lo que la iglesia se ha opuesto y muchos que no están de acuerdo en el celibato, y muchos grupos con algunos dogmas de la iglesia.. Otro caso relevante es la pederastia que ha puesto a la iglesia contra la pared tanto que el Sumo Pontífice ha pedido perdón por los sacerdotes pederastas. Este delito existe en otras iglesias, en grupos de Boy Scouts, escuelas y otros, pero los medios estadounidenses lo destacan en forma prominente lo que indica que la iglesia no predomina en ese país. Los sacerdotes acusados de pederastia, la mayoría han sido castigados conforme a la ley, y desde 1950, son en total 3%, sin embargo poco se habla del 97% restante que llevan vidas ejemplares.

Las iglesias Evangélicas tienen muy buenos ministros con las excepciones de la regla, donde más se refieren a fraudes y adulterios y en menor grado, pederastia. Las iglesias, en los EE.UU. no pagan impuestos, en realidad son empresas de la fé, donde el numerario tiene una gran importancia y donde el pago es generalmente el diezmo que se lleva con mas rigurosidad Los católicos pagan un diezmo anual equivalente a un día del salario, y la cooperación dominical es una limosna, donde muchos feligreses se van gratis. Un gran inconveniente es que siendo instituciones independientes, tienen diversas interpretaciones de la biblia lo cuál también da lugar a que grupos de una iglesia liderada por un desquiciado lleve al grupo a interpretaciones erróneas y hasta violaciones y la muerte, digamos los mas resonantes casos de Waco, Texas y de Johnson en la Guyana. Casos actuales que abiertamente difieren de la palabra de Cristo, pero apoyados en ella, son los mormones que arguyen la poligamia como la revelación a un iluminado de la palabra de Dios contradiciendo su misma palabra. Este es un caso de líbide que en buena medida se hizo presente en su tiempo a Lutero como Enrique VIII y al mismo Mahoma para iniciar o cambiar doctrinas religiosas.

La espiritualidad o la vida espiritual como yo la concibo y que muchos buscamos en la religión, tiene un solo rumbo, un solo camino, una sola dirección, una sola meta que debe buscarse sin vacilaciones ni titubeos, y la senda es larga, a veces con tropiezos y escabrosa pero pensar en una espiritualidad de resultados inmediatos como los que a veces vemos en anuncios espectaculares, es una utopía. Mas bien parecen promocionar comercialmente lo que no tienen.

Hace poco hubo una declaración de Ali Ahmed Agka, el agresor de Juan Pablo II, que había declarado cuando fue enjuiciado, que comunistas búlgaros le habían ordenado asesinar al Papa, y ahora, después de mas de dos décadas, declara que Agostino Casaroli secretario del pontífice, habría sido el que ordenó el asesinato, De ser así, dentro de la misma organización eclesial, la iglesia tiene también enemigos.

La iglesia ha tenido otro enemigo en la Teología de la Liberación que tiene tintes socializantes movimiento que nació en 1960 originándose en America Latina con un signo de preferencia por los pobres donde se han destacado Gustavo Rodríguez de Perú, primer proponente, el Arzobispo Oscar Romero asesinado en 1980. En Brasil se ha destacado Leonardo Boff a quien se le ha ordenado cesar su enseñanza por Juan Pablo II y Benedicto XVI, pero el movimiento sigue vivo. Entre la feligresía de la Iglesia prevalece en su gran mayoría que los delitos que se han visto, son de los hombres en lo personal que deben ser castigados y que sus enseñanzas están por encima de ellos y por ello, dicen confiadamente: La Iglesia es eterna, porque procede de la fe. Un judío se vio acorralado en sus argumentaciones por un ateo y solo atinó a decir: No se si Dios existe o no, pero nosotros somos el pueblo escogido. Hablaba con fe. Después orando al Señor, en son de queja, le decía: Señor, somos muy privilegiados de ser tu pueblo escogido, pero de vez en cuando, ¿ podrías escoger a otro pueblo?

CAPÍTULO 16

LA AMENAZA ISLAMICA

ES EL HOMBRE UNA FALLA DE DIOS,
O DIOS SOLO UN FALLO DEL HOMBRE?:
Friedrich Nietzche

De las cinco religiones monoteístas que existen en la tierra, destaca la musulmana por su belicismo e intransigencia y la que realmente representa una amenaza a quienes profesan otra, y lo vemos a diario en los ataques a templos hinduistas al igual que cristianos o sinagogas y los seguidores de esas iglesias son asesinados o por lo menos agredidos o ven limitados sus derechos en los países de regímenes teocráticos donde residen. En cambio, musulmanes que viven en países democráticos demandan derechos especiales y se niegan a cumplir con los reglamentos y ordenamientos de ley. Hubo hasta exigencias de tener una Sharia especial en Australia un país cuyos ciudadanos fueron masacrados en Bali hace años por islámicos lo que dio lugar a un pronunciamiento del Primer Ministro quien les hizo saber que tenían todo el derecho de irse si las leyes del país no les convenían y que debían acatarlas. Parece que se sometieron.

El Corán contiene una gran cantidad de suras que provienen de la Biblia y fue plagio de Mahoma. Allí se relata la historia de Adan y Eva en el paraíso diciendo que Alá vigila el Eden para evitar que entren sus decendientes. En el sura 7 dice: Alá ha sellado los corazones de los infieles y tendrán un castigo terrible. A partir del sura 50 escribe una particular historia de Moisés desde que salió con su pueblo escapando del faraón.

También habla de María y Jesús. En el sura 21 dice: Alá habló a María anunciándole que siendo virgen tendrá un hijo que llamará ISA que siendo hombre maduro, hablaría a los hombres y será de los justos.

En el sura 22 dice: Alá mató al Ungido <u>pero no lo mataron y lo crucificaron sino que Alá lo elevó hacia si.</u> Cuando se le pregunta al creyente si Jesús es el hijo de Dios, dicen: El es Alá, Uno. Alá es el señor absoluto, no ha engendrado y no hay nadie que se le parezca. Se dice que Mahoma en el principio quería ser un continuador de la iglesia de Abraham y cuando convenció a un buen grupo, y por instancias de su esposa Aisha, decidió convertirse en profeta, pero mantuvo muchos de los conceptos de la iglesias Judaica y Cristiana, empezando a escribir el Corán que luego, otros mas letrados le hicieron las modificaciones pertinentes.

Hay una diferencia muy grande entre la historia de Cristo como edificador de su Iglesia y la de Mahoma y la suya. Cristo aparece cambiando la ley del Talmud en diversos aspectos predicando un mayor amor por los hombres, aboliendo castigos y predica para evitar conflictos entre los hermanos. Siempre estuvo a salvo de tentaciones humanas, salvo las del demonio, y jamás amenazó a alguien. Mahoma en cambio, la historia lo muestra como un combatiente. En Medina con sus esbirros asesinó al grupo de judíos repartiendo a sus esposas e hijos entre la soldadesca como esclavos. Su vida personal fue muy discutible porque tuvo 12 esposas, 9 de ellas al mismo tiempo y a la edad de 52 años, tomó a una niña de 9 años como última esposa. Los seguidores de Jesús fueron perseguidos, fueron los mártires abnegados que finalmente conquistaron al pueblo. Los musulmanes, en su mayoría convierten a otros por la conquista y la represión y hostigamiento donde controlan un país, ése es el carácter de los creyentes y también de los combatientes. Decía un militar en Afganistán que los talibanes nunca se rinden y prefieren morir, seguramente por la lectura del Corán en el que dice que el cielo se gana muriendo contra los infieles y obteniendo mil vírgenes como premio.

Entre los musulmanes existen grupos y entre ellos están los Laicos, los moderados, los ultraconservadores y los fundamentalistas. De estos están los Islámicos a los que pertenecen Osama Bin Laden y A, Zawahiri quienes fueron los instigadores del terrorismo en EE:UU: en sept. 11-2001. El 23 de febrero de 1998 el Frente Islámico Mundial había emitido la siguiente declaración: Emitimos esta Fatwa a todos los musulmanes: La orden de matar a los norteamericanos y sus aliados-civiles y militares-es un deber individual de todo musulmán que pueda hacerlo en cualquier país en el que pueda hacerlo . . . Nosotros,-con la ayuda de Dios-exhortamos a todo musulmán que cree en Dios y desea ser recompensado por cumplir la orden de Dios de matar norteamericanos y saquear su dinero donde quiera y cuando quiera que lo encuentren. En octubre de 2005 la célula de Al-Qaeda, Yemaa Islamiya atacó en Bali, Indonesia muriendo 22 australianos en septiembre del 2004 ya habían atacado la embajada australiana dejando 202 muertos y en agosto del 2003 atacaron el Hotel Marriot en Yakarta dejando muertas 12 personas. Podemos estar seguros de que los islámicos seguirán los dictados de la Fatwa. Su número aumenta día a día y están amenazando por los medios a su alcance, pero un día estarán fuertes y entonces, la democracia empezará a sentir el peligro y tendrá que actuar. ¿Podrá resistir la embestida de ejércitos de fanáticos?. Preguntaba un sacerdote a un clérigo musulmán si era cierto que el creyente obtenía el cielo si mataba infieles, a lo que contestó afirmativamente. Entonces le preguntó: ¿Ves la diferencia con nosotros, que para ganar el cielo tenemos que amar al prójimo? El otro solo atinó a bajar la cabeza.

Cuesta a los occidentales aceptar que en una época donde la democracia ha campeado por sus fueros, exista una ideología fascista como en realidad lo es la ideología del Corán y la hadith y basta recordar las palabras del Ayatolla Jomeini del Irán Islámico: Estudien la guerra santa islámica y comprenderán porqué el islamismo quiere conquistar el mundo entero. El islamismo nos dice: Matad a todos los no creyentes tal como ellos os matarían a vosotros. ¡No nos quedemos con los brazos cruzados! ¡ Matadlos, pasadlos a cuchillo, solo con la espada se puede conseguir la obediencia de la gente! ¿Significa esto que el islamismo es una religión que impide que los hombres libren una guerra? Solo los imbéciles proclaman tal cosa.'

Por otro lado, Maudidi dice: La ley humana debe reemplazarse por la ley de Dios, la Sharia, y el islamismo debe conquistar el mundo entero.

Se pueden detectar tres diferentes musulmanes, si bien a veces se confunden. Algunos deberían creer y de hecho hacen otra cosa, y lo que tienen que hacer y realmente lo hacen y los que deberían creer y hacer y lo que realmente creen y hacen. Un islamismo es el que Mahoma enseñó, es decir, sus enseñanzas tal como están contenidas en el Corán; otro es la religión explicada, interpretada y desarrollada por teólogos en la tradición hadith, la cual incluye la sharia y la ley islámica; el tercero es lo que los musulmanes realmente hacen y practican, es decir la civilización islámica, de acuerdo a Ibn Warrack.

En la edad media, el mas grande médico islámico, al-Razi quien incluso llegó a negar el carácter profético de Mahoma, rechazó, como nosotros lo hacemos, el trato dado a las mujeres, no creyentes, los heréticos, los esclavos, que ha sido terrible, y en la práctica la culpa es de los tres islamismos, un infame y abusiva. La ley islámica es una elaboración teórica totalitaria y al igual que el socialismo, busca controlar la vida de las personas desde el nacimiento hasta la muerte. Esto es a lo que las democracias tendrán que enfrentarse muy pronto..

CAPÍTULO 17

AL FINAL DEL DIA

Cuando quieres realmente una cosa,
todo el universo conspira para ayudarte.
Paulo Coelho.

Los últimos tiempos de la vida de los seres humanos tienen la desventaja de que el desgaste natural trae como consecuencias las fallas en la estructura del organismo que adopta un patrón muy diferente al que se tuvo en la juventud y ahora se encuentra navegando en aguas extrañas cuya corriente lo llevan a experimentar diversos padecimientos en que nunca pensó.

Sin embargo, tiene como contrapeso la experiencia acumulada que a lo largo del tiempo, la historia y los pueblos han justipreciado como fuentes de sapiencia útiles para la comunidad.

Los indios americanos en sus comunidades tenían un consejo de ancianos que llevaban la conducción del grupo. En la antigüedad, en Grecia, de los viejos Platón, Sócrates, Hipócrates, Diógenes, Aristóteles y otros, hasta hoy aprendemos de su sabiduría y así muchos otros pueblos. Los viejos procuran extender lo más posible la vitalidad hasta donde pueden conservarla, entran a la senectud a la carrera o por lo menos, al trote—mens sana in corpore sano—como dice la cita latina y deben mantener una visión de un mejor mañana mientras viven en su realidad de hoy para mantener lejos las nebulosidades de cualquier incapacidad.

En el crepúsculo de la vida se tiende a vivir los recuerdos que siempre son disfrutados excepto aquellos que nos traen ingratas nostalgias, por eso alguien dijo: No puedes manejar tu vida por el espejo retrovisor, sino manteniendo la vista al frente. La historia puede traernos congojas y culpas que no debemos permitir, agravios que recibimos, una mala acción que cometimos y cuya culpa hoy nos atormenta, en fin, por ello, debemos sinceramente perdonar a todos aquellos que nos perjudicaron, delante de Dios, para que también otros nos perdonen aquellos a quienes ofendimos por comisión u omisión

Es un acto de fe que tiene validez en el contexto de la energía universal, para que cese la carga emocional que nos apesadumbra y así abandonar esa carga emocional que de alguna manera está pesando sobre nosotros aunque no concientemente la sintamos.

Estas experiencias son la sabiduría. Dice T.S. Elliot: La única sabiduría que podemos adquirir es la sabiduría de la humildad. La humildad es infinita y se incrementa con la edad solo en aquellos que nunca pierden su recepción del cambio y progresaron con el mismo. Es necesario humildad y la convicción de que uno nunca puede saber lo suficiente.

También Marcel Proust habla sobre la sabiduría humana: No recibimos la sabiduría; debemos descubrirla nosotros mismos a lo largo de la jornada, nadie nos la va a dar, ni tampoco nadie puede traerla para nosotros. Debemos descubrirla a través del conocimiento, la ecuanimidad, la objetividad y la imparcialidad desterrando el egoísmo.

Esto tiene que aprenderse desde la juventud para llegar a adoptar una nueva actitud, una forma de ser con esas cualidades y para ello tenemos que desprendernos de muchas inclinaciones. En el camino encontramos en los conglomerados humanos de los que formamos parte tentaciones de muchas formas donde encontraremos personas que se elevan ante nosotros modificando el concepto que de ellas teníamos por su manera de actuar En cierta ocasión me llamó mucho la atención cuando un amigo compraba un automóvil entregando el suyo y al hacerlo, aclaraba al vendedor: mi coche tuvo un golpe que no se puede ver pero afectó al chasís. Francamente me quedé estupefacto, pero desde entonces la percepción que de él tenía, cambió completamente.

No hay sabiduría sin embargo, que exista sin una constante reevaluación de nuestra actitud hacia los demás, pensar de nuevo en lo que hemos hecho, lo que somos y como pudiéramos ser mejores, no importa la edad. Eso nos traerá indudablemente una percepción de nuestra personalidad mas atrayente.

Varios años hacía que dejé una empresa que yo dirigía cuando una persona que no conocía, al escuchar mi nombre, se acercó a mí presentándose diciendo que era funcionario de la misma para preguntarme: En la empresa, cuando se habla de usted, los empleados hablan elogiosamente. ¿Cómo logró usted que sus empleados lo tengan en tan alta estima? Le contesté que en realidad no hacía nada extraordinario y que tal vez haya sido porque mi actitud hacia las personas era de atención y afecto, de respeto por lo que hacían, daba su lugar a cada uno, hacía reconocimientos de los logros que tuvieran, y nunca abusé de mi posición para perjudicar a alguien. Era un principio básico de mis actos, nada especial.

Pienso que son varios factores que deben intervenir en las relaciones humanas para que fluyan en forma positiva: Una buena conexión personal con los demás, cuidar que nuestra influencia no incida negativamente por causa de nuestras acciones, y la creatividad con que llenamos nuestros días. Existen personas que llevan en ellos traumas que no conocemos y por lo tanto no son receptivos y en esos casos debemos tratarlos como a todos los demás. Esos, pronto vienen a nosotros cuando los desarma nuestra actitud hacia ellos tal como sucedió un día que en un lugar de recreo, mi remolque con un bote al dar una vuelta forzada, rozó a una persona en la pierna, afortunadamente no de consideración. No me dí cuenta de la situación y llegué al lugar, pero la persona pensó que se trataba de algún irresponsable, presentó una queja, mi vehículo fue localizado y pronto tenía frente a mí a una patrulla de policía y al ofendido. Primero que todo quise enterarme de la salud del afectado y al cruzar las primeras palabras me dijo: Si hubiese sabido que se trataba de usted, no hubiera presentado ninguna queja. Discúlpeme y retiro mi demanda.

Es indispensable una implicación afectiva para la culminación de la relación entre los individuos y ésta tiene que ser real y sincera. Cuando no es así, nunca funciona. Nos debe gustar la gente. Cuando esto existe, la conexión se siente instantáneamente y los resultados se dejan sentir pronto en la respuesta, la eficiencia, y tantas cosas que son el pan del día de la actividad industrial y comercial de nuestras vidas.

Si uno puede pasar a un plano espiritual, y en esta forma, donde una persona trata a otra como si se complementaran sus propias almas, sería algo tan bello y tan sublime que llegaría a salir lo mejor de ellas, casi acercándose a la divinidad.

Las personas con quienes nos relacionamos nos recordarán de una u otra manera. Nos gustaría que nos recordaran bien cuando nos vayamos, pero mientras permanezcamos en la faz de la tierra, que nos recuerden mejor, pero sobre todo, que no tengamos la aflicción de haber perjudicado a alguien en ninguna forma, Eso es muy gratificante, ante los ojos de Dios y de los hombres y nos trae la paz.

.